本书系广东省普通高校省级重大科研（基础研究）
"义务教育学生综合素质评价的校本策略研究"（课题编号

义务教育学生
综合素质 评价的校本策略

刘建强 ◎ 著

吉林大学出版社
·长春·

图书在版编目（CIP）数据

义务教育学生综合素质评价的校本策略 / 刘建强著.
长春：吉林大学出版社，2024.11. -- ISBN 978-7
-5768-4541-9

Ⅰ．G632.47

中国国家版本馆 CIP 数据核字第 2024RY3017 号

书　　　名：义务教育学生综合素质评价的校本策略

YIWU JIAOYU XUESHENG ZONGHE SUZHI PINGJIA DE XIAOBEN CELÜE

作　　　者：刘建强
策划编辑：卢　婵
责任编辑：卢　婵
责任校对：单海霞
装帧设计：叶扬扬
出版发行：吉林大学出版社
社　　　址：长春市人民大街 4059 号
邮政编码：130021
发行电话：0431-89580036/58
网　　　址：http://www.jlup.com.cn
电子邮箱：jldxcbs@sina.com
印　　　刷：武汉鑫佳捷印务有限公司
开　　　本：787mm×1092mm　1/16
印　　　张：14.75
字　　　数：210 千字
版　　　次：2024 年 11 月　第 1 版
印　　　次：2024 年 11 月　第 1 次
书　　　号：ISBN 978-7-5768-4541-9
定　　　价：92.00 元

版权所有　翻印必究

前　言

　　综合素质评价作为我国政府主导下教育改革实践的重要组成部分，其兴起与发展承载着从应试教育向素质教育转轨的战略使命。自20世纪90年代初，国家提出这一战略决策以来，基础教育课程改革与教育评价体系的革新便成为落实素质教育理念的关键路径。进入21世纪，随着基础教育课程改革的深入推进，综合素质评价的概念逐渐清晰，并在实践中不断探索与完善。特别是2020年10月，中共中央、国务院颁布的《深化新时代教育评价改革总体方案》明确要求创新评价工具，完善综合素质评价体系，旨在提升教育评价的科学性、专业性与客观性。2021年，教育部等六部门联合发布的《义务教育质量评价指南》（教基〔2021〕3号）进一步强调了建立评价信息平台与数据库的重要性，以确保评价的全面性和真实性。2022年，《义务教育课程方案和课程标准（2022年版）》（教材〔2022〕2号）更加注重评价观念的更新，倡导考试评价与新技术的深度融合，为义务教育学校推进综合素质评价提供了明确的指导方向。

　　在此背景下，本书依托广东省普通高校省级重大科研项目"义务教育学生综合素质评价的校本策略研究"（课题编号：2021ZDJS054），在理论层面深化了对综合素质评价的探讨，在实践层面提供了一些可借鉴的策略与方法，对于推进义务教育学生综合素质评价的理论研究和实践应用具有重要意义。

本书的具体内容如下。

第一~三章以《义务教育质量评价指南》为核心，通过深入的理论分析和政策文件解读，全面考察了义务教育学校在构建"五育并举""五育融合"评价体系方面的实践探索与成果，深入剖析了综合素质评价的内涵、特点和实施路径。

第四~六章聚焦于如何运用现有的评价方法和工具，科学、有效地评估学生的综合素质，促进学生的全面发展和个性发展，特别关注在不同地域和学校环境下，如何因地制宜地制定差异化的应用策略（以校为本的评价策略），提升综合素质评价的实效性和针对性。

第七~九章精选广州市、东莞市等经济发达地区，以及揭阳市等经济欠发达地区的典型案例，通过深入剖析和点评，为学校完善以校为本的综合素质评价机制提供了宝贵的实践参考，旨在以评价为杠杆，推动课程建设和学校内涵发展，助力实现立德树人的根本教育目标。

本书深刻认识到，传统命题考试方式在全面反映学生对基本知识和技能的掌握情况方面存在局限，更无法充分衡量学生的综合素质和发展潜力。分数固然有其上限，而学生的能力和潜能却是无限的。条件优越的学校在课程建设、评价内容、方法和技术等方面，通常优于条件较差的学校，这导致无法以统一方式全面落实《义务教育质量评价指南》的要求。综合素质评价作为一种更为全面、动态的评价方式，其核心价值在于为教育教学的诊断和改进提供科学依据，而非仅仅是对学生知识掌握程度的即时评判。因此，本书强调，综合素质评价应聚焦于学生的学习状态和发展过程，其结果应作为教育者、家长和社会的重要参考依据，而不应被视作绝对的评判。

尽管本书在理论与实践层面取得了一定成果，但由于水平有限和经验不足，仍存在较多的局限性。未来，笔者将进一步拓展综合素质评价在不同教育阶段、不同地区、不同类型学校的适用性探讨，以及如何克服数据收集难度、评价标准统一性等实际操作中的障碍，通过持续深入的研究与实践探索，为我国教育评价体系的完善与优化贡献更多力量，推动素质教育理念在更广泛领域内落地生根。

目 录

研究综述 ··· 1

第一章 综合素质评价的概念与内涵 ····························· 10

第一节 综合素质评价的定义与特征 ···························· 10
第二节 综合素质评价的理论基础 ······························· 13
第三节 传统教育评价存在的局限性 ···························· 18
第四节 综合素质评价研究与实施策略 ························· 20

第二章 综合素质评价的核心要素 ································ 28

第一节 德育评价 ··· 28
第二节 智育评价 ··· 31
第三节 体育评价 ··· 34
第四节 美育评价 ··· 37
第五节 劳动教育评价 ··· 39

第三章 综合素质评价的理论框架 ································ 43

第一节 综合素质评价的维度与评价方式 ······················ 43

第二节　全面发展理论与综合素质评价 …………………… 46

第四章　综合素质评价的方法与工具 …………………………… 49

第一节　质性评价方法 ……………………………………… 49
第二节　量化评价方法 ……………………………………… 53
第三节　综合评价方法 ……………………………………… 58

第五章　信息技术在综合素质评价中的应用 …………………… 66

第一节　信息技术对综合素质评价的支持 ………………… 66
第二节　数据分析与反馈机制在综合素质评价中的应用 … 69
第三节　大数据技术在综合素质评价中的应用 …………… 73
第四节　电子档案袋在综合素质评价中的应用 …………… 76

第六章　校本评价策略概述 ……………………………………… 81

第一节　校本评价策略的概念 ……………………………… 81
第二节　校本评价策略在综合素质评价中的作用 ………… 82
第三节　校本评价策略设计与实施 ………………………… 84
第四节　校本评价策略的融合 ……………………………… 88

第七章　综合素质评价的校本实践案例调查 …………………… 92

第一节　问卷调查 …………………………………………… 92
第二节　深度访谈 …………………………………………… 99
第三节　小学综合素质评价案例实地考察 ………………… 104
第四节　初中综合素质评价案例实地考察 ………………… 129

第八章　综合素质评价的设计与校本实践探索 149

第一节　综合素质评价的顶层设计　149

第二节　构建综合素质评价的校本策略　153

第三节　校本评价策略实施中遇到的挑战　157

第四节　校本评价策略实施中的解困对策　159

第九章　研究结论与发展趋势 163

第一节　研究结论　163

第二节　发展趋势　165

参考文献 168

附　录 173

后　记 224

研究综述

一、研究背景与意义

（一）研究背景

2020年10月，中共中央、国务院印发的《深化新时代教育评价改革总体方案》明确指出要坚持科学有效，改进结果评价，强化过程评价，探索增值评价，健全综合评价，充分利用信息技术，提高教育评价的科学性、专业性、客观性。2021年3月，教育部等六部门制定的《义务教育质量评价指南》（教基〔2021〕3号），要求"建立县域、学校、学生常态化评价网络信息平台及数据库，完善学生综合素质评价档案，并通过实地调查、观察、访谈等方式，了解掌握实际情况，确保评价真实全面、科学有效。"2022年4月，教育部印发的《义务教育课程方案和课程标准（2022年版）》（教材〔2022〕2号）也明确要更新教育评价观念，开展综合素质评价，推动考试评价与新技术深度融合。

近年来，随着信息技术和大数据分析技术的不断发展，教育评价的形式和手段也在不断创新。大数据评价系统的应用，使得教育评价能够更加全面、科学和精准，不仅能够实时跟踪和记录学生的学习和发展状况，还能够为教学改进和个性化教育提供有力支持。学校结合自身情况，通过构建"五育并举""五育融合"评价体系，运用大数据评价系统进行测评，有利于促进学生的全面发展和个性发展，推动学科建设，实现立德树人的教育目标。

综合素质评价不仅是教育评价改革的重要内容，也是促进教育公平、提高教育质量的关键举措。开展综合素质评价改革已成为我国教育现代化进程中不可或缺的重要环节，成为推动基础教育高质量发展的重要引擎和保障。[①]

值得注意的是，尽管综合素质评价在实践中取得了一定成效，但仍面临诸多挑战。例如，新技术与义务教育学生综合素质评价如何有效结合，以及评价内容界定模糊、标准不一，评价指标笼统不具体，评价方法不科学，分指标评价结果合成存在难度等问题，亟须通过系统研究和实践探索加以解决。

（二）研究意义

1. 理论意义

1）丰富教育评价理论体系

本书通过对综合素质评价的深入探讨，旨在进一步充实并优化教育评价的理论框架，为相关领域的研究引入新的分析视角与方法论，促进教育评价理论的全面发展。

2）推动教育评价改革

本书聚焦于广东省经济发达地区与欠发达地区的义务教育学生综合素质评价的现状调研，旨在通过深入剖析，为教育评价改革提供坚实的理论基础与实践指南，以期实现教育评价的科学化、系统化与规范化。

---

① 陈丽.智能技术支撑学生综合素质评价：改革与创新［J］.现代教育技术，2023，33（12）：5-13.

2. 实践意义

1）提升学校教育质量

本书旨在构建一套科学的综合素质评价体系，能够全方位、客观地展现学生综合素质的发展轨迹，为学校教育质量的持续提升奠定坚实基础。

2）促进学生全面发展

综合素质评价不仅重视学生的学业成就，更强调道德品质、创新能力、身体素质、审美素养、实践能力等多维度的培养。本书围绕综合素质评价展开，旨在促进学生的全面发展与个性化成长。

3）指导教育教学实践

本书通过对大数据评价系统的介绍，为教师、学生及家长提供基于数据的科学指导，助力教育教学实践的持续改进与优化。

4）提供参考与借鉴

本书为综合素质评价实施薄弱的学校提供了体系构建与评价策略的方向性指引及实例参考，助力同类学校有效推进综合素质评价工作。

3. 社会意义

1）推动教育公平

本书通过实施科学的综合素质评价，促进校本课程建设与评价内容、培养目标的和谐统一，为不同地区、不同类型的学生提供均等的评价机遇，有力推动教育公平与均衡发展。

2）提升社会对教育的信心

本书通过优化评价内容与方式，开发更加科学、客观的综合素质评价体系，增强社会对教育评价结果的认可度，提升家长及社会各界对教育的整体信心。

二、当前现状与不足

目前在义务教育阶段，综合素质评价虽然受到了重视，但在实际操作中仍然面临诸多挑战和问题，主要表现在以下四个方面。

（一）评价做法存在功利性倾向

（1）综合素质评价中使用的标准过于细化，视野过于固定，过分强调管理和统一标准。这种做法未能完全覆盖学生综合素质的各个观测点，特别是对学生潜质、特长等方面的评价较为缺乏。

（2）部分指标的评价导向出现较大偏差，如在艺术比赛中获奖或参加艺术考级获得等级证书者可加分的规定，导致了一些家长和学生为了加分而盲目参加校外补习，违背了减负的初衷。

（3）当前的综合素质评价方式较为单一、狭隘和静态，主要集中在学科考试分数上，忽视了学生在道德品质、创新能力、身体素质、审美能力、动手能力等方面的全面发展。

（二）评价体系、技术尚不完善

（1）尽管综合素质评价的维度已经较为明确，但每个维度下具体指标的划分与界定仍未达成共识。例如，不同地区和学校对同一维度的理解和实施存在较大差异，导致评价结果的可信度和可比性受限。

（2）评价体系未完全构建，缺乏系统性和整体性的设计，特别是一些细化指标尚未形成科学、全面、可操作的评价标准。此外，不同指标之间的权重和关联性未得到充分考虑和应用。

（3）无论是经济发达地区的学校，还是欠发达地区的学校，在校本课程（包括校外活动）建设方面严重不足，使评价体系与学校现实的教学内容相脱节，有些观测点，学校没有条件并设相应的课程或举办相关的活动。

（4）综合素质评价在技术方面的支持仍显不足，特别是在信息化和数据分析应用方面，评价工具和平台的开发及使用尚待改进。

（5）教师、家长、学生等参与者的培训不足，缺乏专业、细致的指导，导致在具体实施过程中出现误解和偏差。

（三）评价结果真实性较低

（1）综合素质评价工作中，部分教师和学校缺乏自主意识，往往依赖外部标准和规定，未能根据本校实际情况进行灵活调整和创新。

（2）综合素质评价的保障机制尚未健全，缺乏相应的法律法规和政策支持，使得评价工作的开展缺乏制度保障。

（3）综合素质评价的诚信氛围欠缺，缺乏多元评价、写实性评价，存在弄虚作假、抄袭等现象，影响了评价结果的真实性和公信力。

（4）综合素质评价工作缺乏系统思考，未能将评价与课程、教学、管理、学生成长等各个方面有机结合，导致评价结果难以在实际教育教学中有效应用。

（四）家长和社会的参与度不足

（1）家长对综合素质评价的理解和支持不够，仍以学科分数为主要评价依据，导致学生和教师在综合素质方面的培养投入较少。

（2）综合素质评价需要社会各界的广泛参与和支持，但目前学校与社区、企业等外部机构的合作较少，未能充分利用社会资源对学生进行全面评价。

三、研究目的与任务

（一）研究目的

本书旨在落实《深化新时代教育评价改革总体方案》《义务教育质量评价指南》精神，深入探讨义务教育学生综合素质评价的校本策略，以期为推动新时代教育评价改革提供理论依据和实践指导，具体如下。

（1）系统梳理国内外综合素质评价的理论基础和实践经验，为校本评价策略的构建提供参考。

（2）全面评估当前义务教育学生综合素质评价的现状，分析现行评价内容和方法的优缺点，为优化评价体系提供依据。

（3）探索适合校本化实施的综合素质评价策略，构建科学、有效的评价指标体系和多元化评价工具。

（4）研究经济发达地区与欠发达地区在评价内容、方法及策略上的差异，为因地制宜推进评价改革提供参考。

（5）收集基于信息技术的评价数据收集、分析和应用模型，为评价的科学化、精准化提供技术支持。

（6）探讨"五育并举""五育融合"理念下的校本课程开发与综合素质评价的有机结合，为全面育人提供新思路。

（二）研究任务

为实现研究目的，本书将系统开展以下研究任务。

（1）文献研究与理论构建：多渠道检索并梳理国内外综合素质评价的相关文献，制定严格的筛选标准，并构建义务教育学生综合素质评价的理论框架。

（2）现状调查与数据分析：设计涵盖德智体美劳等维度的调查问卷和访谈提纲；选取具有代表性的学校作为样本学校，开展问卷调查、深度访谈，通过数据分析，揭示现行评价体系的优缺点。

（3）校本评价策略研究：基于调查结果，提出适合校本化实施的综合素质评价策略，为样本学校提供修订、完善评价内容、评价方式等方面的意见和建议。

（4）区域差异比较研究：对比分析经济发达地区与欠发达地区义务教育学生综合素质评价的评价内容、方法及策略，研究评价策略与学校办学目标、培养目标、校本课程建设等方面的关系，提出因地制宜的评价改革建议。

（5）评价数据库与分析模型开发：联合专业机构开发义务教育学生综合素质评价数据库，设计数据收集、填报、分析流程，开发评价数据分析模型，通过实践应用不断优化系统功能。

（6）校本课程开发与评价策略检验：根据国家政策文件要求，结合学校实际情况，指导样本学校开发"五育并举""五育融合"的校本课程，探索校本课程与综合素质评价的有机结合，通过实践验证评价策略的有效性。

（7）案例分析与经验总结：分析已有义务教育学生评价模式的构建原理，总结多个案例中的有效评价模式，提炼义务教育学生评价以校为本策略的构建及优化原理。

（8）学术研讨与成果推广：组织多次专题学术研讨会，邀请相关领域专家参与，开展阶段性专题研讨；将研究结果反馈给相关学校和教育部门，听取意见并不断改进完善策略；形成可推广的研究成果，为义务教育学生综合素质评价的校本实施提供理论支持和实践指导。

通过上述研究任务的系统开展，本书将全面深入地探讨义务教育学生综合素质评价的校本策略，为推动新时代教育评价改革做出积极贡献。

四、研究方法与手段

（一）研究方法

1. 文献研究法

本书采用文献研究法，发挥该方法的系统性优势，多渠道检索文献并及时跟踪最新进展，拟定文献排除与纳入标准，研制文献内容提取与深度分析表单，全面而准确地梳理和掌握国内外综合素质评价的相关文献。

2. 调查研究法

调查研究法是指使用科学的工具，收集和分析数据，揭示研究对象特征及其关系的方法。

本书采用问卷调查、访谈、观察、文献调查等方法，系统地开展义务教育学生综合素质评价的校本策略研究。在样本选择上，课题组选取经济发达和经济欠发达地区的小学和初中作为主要研究对象，确保样本具有代表性。研究对象涵盖学生、教师、家长和校长等群体。

在调查准备阶段，课题组明确研究目标，包括评估当前评价现状、分析现行评价内容和方法的优缺点，以及探索适合校本化实施的评价策略。并且根据研究问题设计调查工具，包括涵盖德智体美劳等维度的问卷，针对校长、教师、学生及家长的访谈提纲，以及用于记录学生综合素质表现的观察表。

在调查实施阶段，通过线上线下方式发放问卷，安排深入访谈，并现场观察，全面收集数据。

在数据分析阶段，课题组采用调查结果分类、访谈有效信息筛选的方法，挖掘深层次原因。基于分析结果，课题组提出针对性的校本策略，包括建立适合校本化的评价体系，设计灵活多样的评价工具，制定包括教师培训、家长参与和学生自评在内的详细实施方案。

3. 案例分析法

本书对已有的义务教育学生评价模式构建原理进行分析，使其明晰化；运用"义务教育学生综合素质评价的校本策略"的调查结果，对义务教育学生评价的有效模式展开详细分析；结合从多个案例中析出的原理，使义务教育学生评价模式系统化。

4. 比较研究法

本书比较我国与其他国家在义务教育学生评价和学生学业成就提升的方法、手段上的异同，经济发达地区与经济欠发达地区在小学和初中评价内容、评价方法上的异同，通过对比找到义务教育学生评价以校为本策略建构及优化的思路。

（二）研究手段

（1）课题组定期开展研讨，筛选出有价值的资料，获取研究线索，拓展研究思路。

（2）课题组对校长、教师、学生及家长进行问卷调查及访谈。

（3）根据《深化新时代教育评价改革总体方案》《义务教育质量评价指南》等文件要求，课题组结合学校实际情况，给样本学校提供开发"五育并举""五育融合"的校本课程、深化校本评价的意见和建议，为综合素质评价提供实际内容和观测点，确保评价材料的真实性和可靠性。

（4）课题组多次组织专题学术研讨会，并在相关研讨会中开展阶段性专题研讨，充分发挥相关学者的积极性，拓展研究思路；利用会议间隙约见专家进行深入访谈，将研讨会和访谈有机结合，提高研究效率。

（5）课题组联合专业机构开发义务教育学生综合素质评价数据库和分析模型；指导学生、教师、家长及时记录学习生活中的体验；让技术人员持续优化材料收集、填报、分析流程，采取边试用、边评价、边修正的方式，不断完善系统；确保受评方、受益方能够实时了解并使用数据分析结果，为学生综合素质的校本评价提供支持。

（6）课题组分析已有义务教育学生评价模式构建原理，运用调查结果对有效评价模式进行详细分析。

第一章 综合素质评价的概念与内涵

第一节 综合素质评价的定义与特征

一、综合素质评价的定义

素质,是指人在从事活动前所具有的较为稳定的、内在的、基本的品质,它涵盖个人生活的方方面面。[①]综合素质的概念并没有统一的界定,在我国的教育政策体系中将其概括为德智体美劳全面发展。由此可见,综合素质强调的是促进学生全面发展,反映的是对学校教育的内容要求。[②]全面地提高学生的综合素质,是深化教育教学改革的必经之路。

综合素质评价是我国新一轮课程改革的一个亮点和实践创新,是落实课程改革精神、构建科学合理的评价体系、推动传统文化教育深入开展的有效措施。综合素质评价是依据一定的评价标准,对学生的学习和发展进行全面的、系统的价值判断的过程。综合素质评价是对学生各种潜能的辨

---

① 胡立厚. 教育管理学探索与教学实践[M]. 长春:吉林人民出版社,2020:102.
② 李春梅,吕国强. 学科核心素养视角下的课堂教学研究[M]. 天津:天津社会科学院出版社,2021:12.

认、开发和激励。[①]陈学宏认为，综合素质评价可以简明地概括为学生素质发展的三维度目标，即促进知识与能力的建构、改善学习过程和选择个性化的学习方式、对学习持有积极的情感态度和价值观念。[②]田友谊认为，综合素质评价是深化素质教育，实现课程改革目标的重要措施。[③]2014年9月，国务院印发的《国务院关于深化考试招生制度改革的实施意见》（国发〔2014〕35号），对综合素质评价相关描述是"综合素质评价主要反映学生德智体美全面发展情况，是学生毕业和升学的重要参考。建立规范的学生综合素质档案，客观记录学生成长过程中的突出表现，注重社会责任感、创新精神和实践能力，主要包括学生思想品德、学业水平、身心健康、兴趣特长、社会实践等内容。"综合素质评价的内容必须依据党的教育方针，反映学生全面发展情况和个性特长，注重考查学生社会责任感、创新精神和实践能力。

综合素质评价的核心目标在于促进学生的全面发展和个性发展，帮助他们认识自我，发掘潜能，并在多元化的社会环境中找到最适合自己的发展路径，从而实现个人价值和社会价值的和谐统一。

二、综合素质评价的特征

（一）多维性

综合素质评价的多维性体现在它对学生全面发展的关注上。这一评价体系不仅涵盖传统的学科成绩，还扩展到道德品质、身体健康、艺术审美、社会责任感、学习能力、创新能力等多个维度。这种多维度的评估方式能够更全面地反映学生的综合素质，避免单一学科成绩对学生能力的片面评价。

---

① 徐红. 教育测量与评价［M］. 武汉：华中科技大学出版社，2016：304.
② 陈学宏. 走向人本主义教育的学校管理［M］. 成都：电子科技大学出版社，2013：150.
③ 田友谊. 当代学生评价的理论与实践［M］. 武汉：华中师范大学出版社，2012：124.

（二）动态性

学生的发展是一个动态变化的过程，综合素质评价强调对学生成长轨迹的持续观察和记录。通过定期的评价和反馈，学生可以及时了解自己的进步与不足，从而调整学习策略，不断提升自我。同时，动态评价也有助于教育者更好地把握学生的成长规律，提供有针对性的指导和支持。

（三）独特性

每个学生都是独一无二的个体，他们有着不同的成长背景、兴趣爱好和潜能优势。综合素质评价充分考虑学生的个体差异，提供个性化的评估方案。通过定制化的评价内容和方式，学生可以更好地认识自己，发掘自身的优势和潜力，从而实现个性化的发展。

（四）参与性

综合素质评价强调多方参与，包括学生自评、同伴互评、教师评价及家长反馈等评价方式。这种多主体的评价方式不仅提高了评价的客观性和全面性，还增强了学生的自我认知和责任感。

（五）过程性

传统评价更关注结果，而综合素质评价更注重学生的学习过程。通过记录和分析学生在学习过程中的表现和努力，教育者可以更深入地了解学生的学习状态和学习策略，从而为他们提供更有针对性的指导和支持。并且，这种过程导向的评价也有助于学生培养持续学习能力和自我反思能力。

（六）导向性

综合素质评价具有明确的教育导向，旨在培养学生适应社会需求的多元能力。通过综合素质评价，教育者可以更好地了解学生的综合素质和能力结构，从而为他们提供更有针对性的教育资源和发展机会。评价结果不仅可以用于了解学生的现状，指导学生未来的教育和发展方向，还可以作为学生升学、就业等方面的重要参考依据。

综合素质评价是一种全面而科学的评估方法，能够更准确地反映学生的多方面能力和潜力。通过这一评价体系，教育者可以更好地支持和引导学生的全面发展，培养具有综合能力的人才，以适应现代社会的多样化需求和挑战。

第二节　综合素质评价的理论基础

综合素质评价是教育领域深化改革的重要举措，其目的在于更全面地评估并发展学生的多元能力和潜力。以下理论为综合素质评价体系的建构与实施提供了坚实的理论支撑。

一、综合素质评价的悖论解析

（一）公平悖论的深层探讨

公平，作为评价体系的根本原则，旨在确保每位学生在统一的标准下获得公正的衡量结果。然而，表面上的公平往往难以掩盖实质上的不平等。学生个体在天赋才能、兴趣爱好、成长背景以及所受教育资源等诸多方面存在差异，这些差异使得他们的发展潜力和路径呈现出多元化的特点。因此，采用一刀切的评价方式不仅会限制部分学生在其擅长领域的卓越表现，更会使那些与主流评价体系不符的学生陷入不利境地。这一悖论深刻揭示出，真正的公平应当建立在对学生个体差异的充分尊重和理解基础之上，追求评价方式的多元化与包容性，从而更全面地促进学生的个性发展。

（二）效度悖论的挑战与应对

效度是评价学生综合素质的核心要素，它直接关系到评价的准确性和有效性。然而，在知识学习的广阔领域中，效度面临着前所未有的挑战。学生所接触和学习的知识范围广泛且日益深化，而任何一次单一的评价活动所能覆盖的知识内容都极为有限。这种有限性与知识本身的无限性形成了鲜明的对比，导致单次评价在全面反映学生知识水平方面的效度几乎趋近于零。为了应对这一挑战，评价者必须积极探索更加全面、动态且持续性的评价模式，以便更准确地捕捉和反映学生的真实能力与潜质。

（三）难度悖论的平衡艺术

在考试与评价设计中，题目难度的设定是一项极富挑战性的任务。降低题目难度似乎可以为学生减轻学业负担，为他们提供更多探索个人兴趣和发展多元智能的空间。然而，过低的难度设置可能导致考试失去其应有的教学质量诊断功能，无法有效地鉴别出学校的教学质量，促进学生整体学习成绩的提升和学生个性的发展。这一悖论实际上反映了教育目标追求与优质均衡发展机制设计之间的内在张力。为了寻求这一悖论的平衡点，教育者需要在坚守教育公平与质量的同时，不断创新和完善考试与评价制度，确保评价既能真实反映学生的能力水平，又能有效促进他们的全面发展。

综合素质评价的悖论体现了评价体系在设计与实施过程中的复杂性和挑战性。要想解决这些悖论，需要教育者、政策制定者以及社会各界人士的通力合作与共同努力。通过持续的创新与改革，教育部门需要建立起更加科学、公正且有效的评价体系，从而有力推动学生的全面发展，实现社会的公平与进步。

二、综合素质评价的理论

（一）建构主义

建构主义评价观是与建构主义知识观、学习观紧密结合的，其核心观点为评价应聚焦于知识获得的过程而非结果。这种评价思想强调"立足过程、促进发展"。建构主义评价观是以真实任务为标准的评价，努力使教育者更加关注真实任务的解决；是以知识的建构为标准的评价，鼓励学习者积极参与知识的建构；也是以经验的建构为标准的评价，更重视对知识建构过程而不是结果的评价，同时注意有效评价跟教学的整合。①因为建构主义强调在真实而富有意义的情境中进行学习与教学，所以重视情境驱动评价，强调评价的标准应源于丰富的背景支持，设计者和评价者必须考虑学习发生的背景，强调评价标准的多元化。它也是以社会建构与协商的意义为标准的评价。②

以学生学习效果的评价为例，它包括学生自我评价、学生对他人的学习评价、教师对学生的激励性评价，以及评估学生是否完成对所学知识的意义建构。由此可见，评价内容逐渐从重知识记忆向重实践能力、创新能力、心理素质和学习态度的综合考查转变；评价标准也从强调共性和一般趋势，向重视个体差异和个性发展转变；评价方法不再局限于传统的笔试，而是更多地依赖于多元参照系评价；评价主体也由单一的教师评价，向教师、学生、家长、社会共同参与的交互评价转变；评价重心也由只关注结果，向形成性评价、促进性评价兼容的方向移动。

（二）多元智能理论

美国心理学家加德纳提出的多元智能理论，为我们揭示了人的智能具有多元性和差异性。加德纳认为人类至少有八种认识世界的智能，即语言、数理逻辑、视觉空间、身体动作、音乐、人际、自我和自然观察，不同的人可能擅长特定的智能，并在此基础上构建了多元智能的框架。这一理论启示我们，应改变传统的教学评价观念，建立多元化的现代教学评价观。在多元智能理论中，每一种智能都处于同等重要的地位，因此，教学评价不能仅针对某一方面的智能，而应建立"为多元评价而评"的全面评价理念。每个学生都拥有自己的优势智能，不存在所谓的"差生"，只存在发展方向、发展快慢不同的学生。与此相应，教学评价应促进学生的潜能发挥和个性

---

① 李永胜. 走向生活世界 [M]. 北京：北京航空航天大学出版社，2021：93.
② 钟启泉, 崔允漷. 为了中华民族的复兴，为了每位学生的发展 [M]. 上海：华东师范大学出版社，2001：23-27.

发展，而非"只见树木不见森林"。由此可见，建构与多元智能理论相适应的多元化的现代教学评价观至关重要。

（三）CIPP理论

20世纪30年代，美国著名教育学家、课程理论专家、评价理论专家泰勒提出以目标为中心的评价模式。20世纪60年代后期，美国著名的教育评价专家斯塔弗尔比姆提出了著名的CIPP（Context，Input，Process，Product）评价模式。这是一种以决策为中心的教育评价模式，其命名是由Context（背景）、Input（输入）、Process（过程）和Product（结果）四个单词的第一个字母组成的，是一种综合评价模式[①]，强调"评价最重要的意图不是为了证明，而是为了改进"[②]。20世纪60年代，美国教育学家、心理学家斯克利文提出了目的游离评价模式。这是一种"以需要为基础的评价"[③]，强调评价的重点应该由"预设"转变为"实践"。

（四）第四代评价理论

"第四代评价理论"由美国著名教育评价专家古贝和林肯提出。他们认为前三代评价理论中存在的"浓厚的管理主义倾向""忽视价值多元性"和"过分强调科学实证主义的方法"等缺点和不足，对评价的本质进行了探讨，提出评价本质上是一种心理建构过程，评价的出发点在于利益相关者的宣称、担心与问题上，评价的最终结果应是参与评价及与评价有关的人或团体基于对对象的认识，通过协商而整合成的一种共同的、一致的看法。共同构建、全面参与、协商等成为第四代评价理论的关键词[④]。同时，

---

① 陈玉琨. 教育评价学[M]. 北京：人民教育出版社，2019：76.
② 董秀华，等. 综合素质评价[M]. 上海：华东师范大学出版社，2022：183.
③ 徐建钺，等. 简明国际教育百科全书：教育测量与评价[M]. 北京：教育科学出版社，1992：51-53.
④ 古贝，林肯. 第四代评估[M]. 秦霖，蒋燕岭，等译. 北京：中国人民大学出版社，2008：1-23.

第四代评价理论强调应"回应"对各方面利益相关者的主张、担心及问题等，并认为"所有参与评价的人，不管是评价者，还是评价对象，都是平等、合作的伙伴，是作为具体、完整的个体，而不是传统评价中的试验者与实验对象；教育评价的最终目的在于提高评价对象的工作质量和效率"[1]。

（五）人本主义教育理论

人本主义教育理论产生于20世纪50年代末，它是根植于自然人性论的基础之上的。人本主义心理学家认为，人是自然实体而非社会实体；人性来自自然，自然人性即人的本性。他们坚信，每个人都具有发展自身潜力的能力和动力，行为和学习是知觉的产物，而一个人的大多数行为都是其自我认知的结果。因此，真正的学习应涉及整个人的发展，而不仅仅是向学习者提供事实知识；真正的学习应使学习者能够发现自己的独特品质和作为一个人的特征。这一理论是以学生为本，为综合素质评价提供了重要的理论基础，强调评价应关注个体的全面发展，尊重其独特性和自主性。

（六）社会交往理论

社会交往理论是由马克思开创，后对德国哈贝马斯的交往行动理论产生直接影响。马克思从人的需要和满足需要的方式出发，指出社会交往是人类生存、活动、实践以及社会发展的一种重要方式，是人们为满足自身生存需要而进行物质生产的前提，也是制约个人生存与发展的重要方面。这一理论向我们揭示了教育的重要使命：要解决人的生存危机，把处理人与人的关系看作一个重要的教育问题；同时，教育要摆脱工具理性的束缚以实现自身的转型，在促进人的发展过程中保持正确的价值向度。这为综合素质评价提供了重要的理论支撑，强调评价应关注个体在社会交往中的表现和发展，以及其对社会交往能力的掌握和运用情况。

综合素质评价的理论基础丰富多样，各种理论共同强调以学生发展为中心，以多元、全面、公正的视角来看待评价。这些理论为教育评价的改

---

[1] 冯忻. 当教学策略遇见新技术[M]. 上海：上海教育出版社，2020：154.

革提供了指导方向，帮助构建更加科学、合理的评价体系，促进学生的全面发展和社会进步。

第三节 传统教育评价存在的局限性

一、理论层面的局限性

（一）理论的不适用性

某些传统教育评价理论因时间久远，与现在的教育评价实践之间有所脱节，难适应信息化和多元化的教育发展趋势。这表明传统教育评价在指导实际教育活动时存在明显的不适用性。

（二）理论体系的碎片化

尽管传统教育评价基础研究已经积累了丰富的成果，并且部分成果在教育评价实践中得到了广泛应用，但从整体上分析，这些研究仍然呈现出分散而无序的状态，缺乏系统性和整体性。中国传统教育评价尚未形成一个成熟且完备的理论体系，评价理论的碎片化特征十分明显。这种碎片化不仅限制了传统教育评价理论的深度挖掘和广度拓展，而且削弱了其对教育评价实践的指导作用。在缺乏全面理论支撑的情况下，教育评价实践难以取得突破性的进展，这在一定程度上又影响了传统教育评价的质量和效果。

二、实践层面的局限性

（一）教育评价过程的问题

1.评价主体的单一性

传统教育评价由教育行政管理者主导，即使有外部专家的参与，也往往受到行政化管理逻辑的影响。这导致评价主体在性质上趋于单一的行政化，且评价者通常满足于完成量化的评价任务，而缺乏对自身评价行为进行深入反思的能力。这种局限性不仅严重影响了教育评价的效度和公信力，也制约了评价者专业素养的提升。同时，过度依赖外部评价而忽视自我评价和实质性反思的做法，也限制了传统教育评价在促进教育质量提升方面的作用。

2. 评价方法的简易化

传统教育评价在追求效率的过程中，往往倾向于采用简易化和易操作化的评价方法，这些方法通常缺乏人文关怀和人性基础，习惯将复杂多变的教育活动简化为单一的、可量化的评价指标。通过标准化测验、量表调查等简单技术手段进行评价的做法泛滥，而能够深入反映教育本质的人文化和定性化评价方法则被边缘化。这种"懒汉治理"式的评价模式不仅无法全面、深入地揭示教育活动的真实面貌，还可能误导教育实践的方向。

3. 评价的形式化倾向

我国传统教育评价普遍存在形式化的倾向，这种倾向使传统教育评价主要关注对评价对象外部特征的描述和分析，很少触及甚至违背评价对象本身的特性和内在要求。例如，某些地区的中小学对教师的评价过于注重形式上的表现，忽视其实质性的教学能力和专业素养，这种形式化的评价方式不仅无法真实反映教师的实际水平，还可能对教师的专业发展和教育质量的提升造成负面影响。

（二）教育评价结果的问题

1. 高度功利化的使用倾向

传统教育评价往往将评价结果与奖惩机制紧密挂钩，导致评价结果在实践中被高度功利化使用。无论是学校、教师，还是学生层面，都过度关注评价所带来的物质利益或身份认同等功利性后果。这种倾向不仅使得评价活动本身沦为追求物质利益的工具，也扭曲了评价的本质和功能。同时，评价结果被高度功利化使用还可能引发一系列负面效应，如评价失真、教育资源的不公平分配，以及教师和学生身心的过度压力等。

2. 重奖惩带来的问题及其后果

由于传统教育评价结果的高度功利化使用倾向，评价结果往往被赋予过多的奖惩意义。这种做法不仅可能引发评价过程中的不正当行为，如为了获得更好的评价结果而采取不正当手段或虚报数据等；还可能对部分教师和学生的积极性和自信心造成打击。过度强调奖惩而忽视了个体差异和多元化发展需求，导致部分在单一评价标准下表现不佳的教师和学生被边缘化，甚至放弃努力。由此可见，这种重奖惩的评价方式不仅无法有效促进教育质量的提升，还可能对教育事业的健康发展造成潜在的威胁。

第四节　综合素质评价研究与实施策略

一、综合素质评价综述

（一）综合素质评价的内涵

2014年9月，国务院发布的《国务院关于深化考试招生制度改革的实施意见》（国发〔2014〕35号）对综合素质评价做出了描述："综合素质评价主要反映学生德智体美全面发展情况，是学生毕业和升学的重要参考。"

有研究者通过对有关各地的相关政策文本和实践的考察分析，得出大家将综合素质理解成了"非学术能力表现"的结论，并在指出其不足之余，坚持应该将综合素质评价作为整个评价体系的一个基本理念，而不是把其理解为某一项评价制度。[①] 有研究者认为综合素质评价的本质是个性发展

---

① 柯政. 考试评价制度改革的复杂性分析：以综合素质评价政策为例[J]. 全球教育展望，2010，39（2）：25-30.

评价，也是真实性、过程性评价，还是内部评价。①

综合素质评价指在一定教育价值观指导下，根据一定的标准，运用现代教育评价的一系列方法和技术，对学生的思想品德、学业成绩、身心素质、情感态度等的发展过程和状况进行价值判断的活动。它对传统评价观和评价方式的矫正和超越，体现着素质教育的内在要求。②

（二）综合素质评价的目的

中小学实施综合素质评价可以促进学生全面发展，推进素质教育；改变教师评价观念，推动教学改革；变革考试评价制度，促进人才培养方式转变；优化学校整体工作，彰显学校办学特色；培养诚信意识，优化社会风气等。③

有学者通过《上海市初中学生成长记录册》的科学使用，发挥了评价的激励作用，在实施过程中注重培养学生积极的学习态度、创新意识和实践能力等素质的综合发展，为学生的终身发展奠定基础。④北京市顺义区运用第四代评价理论视角下的多主体评价策略，通过互选式教师面评、应答式师生互评和协商式多主体评价，关注被评价者的心理需求，深化学科教师的主体作用；基于学生观点，实现多方评价主体的深度沟通，改进教与学以及师生互动的方式，实现多方价值的协同与建构，提升综合素质评价结果效能。⑤有学者认为，综合素质评价促进了学生的可持续发展和全

---

① 李雁冰. 论综合素质评价的本质［J］. 教育发展研究，2011（24）：58-64.

② 张铭凯. 第三方评价机构参与中小学生综合素质评价：可能、角色与运行［J］. 教育发展研究，2014，33（20）：34-39.

③ 靳玉乐，樊亚峤. 中小学实施综合素质评价的意义、问题及改进［J］. 教育研究，2012（1）：69-74.

④ 黄舜华. 发挥评价激励作用，关注学生成长进步——《上海市初中学生成长记录册》试用报告［J］. 教育发展研究，2004，24（11）：71-73.

⑤ 许冬梅. 第四代评价理论视角下的小学生多主体评价策略——以北京市顺义区小学生综合素质评价为例［J］. 中小学德育，2017（7）：55-57.

面发展，使学校的综合素质评价工作呈现出有形、有理、有据、有特色的状态。① 还有学者认为，评价是提高课堂教学质量的关键环节，是促进教师专业发展、保证育人目标实现的重要手段。②

综合素质评价应突出评价的过程性和写实性，在评价过程中激发学生的学习兴趣，促进学生全面发展和个性化发展及学校精细化管理。

（三）综合素质评价的要素

2021年3月1日，教育部等六部门印发的《义务教育质量评价指南》，明确了义务教育学生的发展质量评价包括：品德发展、学业发展、身心发展、审美素养、劳动与社会实践五大方面的重点内容，包括12个具体指标、27个考查点。该通知以发展素质教育为导向，强化评价结果运用，健全立德树人落实机制，构建德智体美劳全面培养教育体系，引领深化教育教学改革，全面提高义务教育质量，努力培养德智体美劳全面发展的社会主义建设者和接班人。

有学者认为，目标、课程、教学、社会实践、评价是促进学生发展的关键因素，综合素质评价工作应围绕这五个关键因素来实施。③ 也有学者认为小学生综合素质评价内容应当包括德智体美劳，通过评价推动五育并举、综合素质发展；小学生的综合素质评价应当指向理想信念、爱国情怀、品德修养和奋斗精神，这样的人格建树是综合素质的核心内容。④ 国外有学者以多元智能理论和真实性评价的相关为依据，从可操作的角度探讨了

---

① 李文静. 学生综合素质评价的实施策略探究［J］. 教育，2019（41）：45.

② 祝波，林琳，闫瑾，等. 新时代学科育人评价方式变革的校本探索［J］. 教育科学论坛，2021（10）：78-80.

③ 沙丽华，崔建京，苏冰，等. 综合素质评价的内涵、机理和策略［J］. 辽宁教育，2021（12）：5-9.

④ 修文艳. 基于大数据的学校德育评价探索［J］. 中国德育，2022（5）：60-63.

为每一种智能设计特定的表现标准以及如何将之应用于课堂教学的问题。[1]

（四）综合素质的测评研究

我国一般是在每个学期的期末或每个学年的期末，全国各地的中小学组织的一次对全体在校学生全面的综合素质和能力评价的测评任务。

有学者认为，综合素质的评价应明确主体的评价生态位，在自我写实记录中培育个性；完善多元的评价生态链，在非学术性素养中体现多维；开放的评价生态场，在对话互动中实现共同发展。很多地区、学校引进第三方评价机构，从起点、过程和结果"三维"建立各评价主体间的利益共通机制、评价过程行为监测机制、评价结果信息共享机制，确保了在中小学生综合素质评价中不断发挥积极作用，进而推动评价工作深化发展。[2]窦卫霖对28个国家（地区）的教育评估和测评政策所进行的为期三年的重大评估，即《OECD关于改善学校成果的评估和测评框架的评论》，也分析了不同评估和测评方法的优势与不足，就如何在政策和实践中结合评估和测评结果等问题提出了改进建议。[3]

（五）综合素质评价的策略

重庆市北碚区组织专业人员提出的评价策略，首先是对评价系统本身进行了精细化研究，完善诚信机制，提高综合素质评价结果的使用度，使综合素质评价逐步由静态评价走向动态评价，由初中阶段走向义务教育全阶段，由阶段性评价走向过程性、日常性评价，由导向观念的"软"评价变成推动学校办学跟进的"硬"评价，形成了较为完备的义务教育学生综

---

[1] 贝兰卡，查普曼，斯沃茨. 多元智能与多元评价：运用评价促进学生发展[M]. 夏惠贤，等译. 北京：中国轻工业出版社，2004：1.

[2] 张铭凯. 第三方评价机构参与中小学生综合素质评价：可能、角色与运行[J]. 教育发展研究，2014，33（20）：34-39.

[3] 窦卫霖. 为了更好的学习：教育评价的国际新视野[J]. 教育参考，2019（5）：113.

合素质评价体系。① 有学者提出，运用表现性评价来促进教与学。② 美国学者通过理论与实践有机结合，在多元智能理论、人本主义、合作学习理论、建构主义、标准化测验理论的基础上，阐明了学生评价操作的基本过程，并列举了许多具体的评价方法、评价内容和评价工具。③

综合素质评价需要将综合素质评价与日常教育活动相结合，综合素质评价和规范办学、学生日常规范、学科教学学生个性发展相结合。④ 2020年6月30日，中央全面深化改革委员会首次要求"改进结果评价，强化过程评价，探索增值评价，健全综合评价"，因此有学者认为，教师具体操作主要包括：构建丰富、细化的评价内容；使用恰当、有效的多样化评价方式方法；探索具有一定规范程序的评价途径；精心地撰写教师评语；加强对学生评价的指导；注重评价结果的及时反馈和有效应用。同时，还提出教师在实践改革过程中要关注改进自己的教育和指导能力、争取家长的理解和参与、以问题为导向探索实施策略等几个要点。⑤

（六）综合素质评价的主体

学者的观点可分为三类：一是多元评价主体，如由第三方评价机构、社区人士、学生（本人、同伴）、教育行政人员、学校管理者、家长、教

---

① 邓志勇. 构建学生综合素质评价体系的策略研究［J］. 教育测量与评价（理论版），2010（6）：16-19.

② 周文叶. 开展基于表现性评价的教师研修［J］. 全球教育展望，2014，43（01）：50-57.

③ 韦伯. 有效的学生评价［M］. 国家基础教育课程改革评价项目组，译. 北京：中国轻工业出版社，2002：13-14.

④ 毕会军. 构建机制，创新举措，积极推进中小学生综合素质评价改革［J］. 河北教育，2020（6）：48-49.

⑤ 邢利红. 学生综合素质评价：教师的评价操作策略［J］. 教育导刊（上半月），2021（1）：47-52.

师构成的三类别七主体[①]；二是"谁使用，谁评价"，如综合素质记录权归高中，评价权交予高校[②]；三是第三方评价主体，如有学者认为第三方评价机构在综合素质评价中应扮演设计师、裁判员和咨询师三重角色，以解决各方利益难以协调的困境[③]。除以上三种观点外，还有观点认为综合素质评价主体的正当合法地位应由价值主体确认，即日常学习中综合素质评价主体由学生确认；招生录取中综合素质评价主体由国家和招生学校分别确定。[④]

（七）综合素质评价的技术

综合素质评价在不断地改革，运用教育测评技术、互联网和大数据等数字技术开发的教育测评工具，逐步破解了评价的难题。例如，陈丽研发了学生综合评价与发展平台（Student Evaluation Enriching Development，SEED），其主要功能包括：①呈现测评工具，支持大规模学生在线参与综合素质测评；②呈现测评分析报告，面向区域、学校、学生和家长反馈综合素质评价的结果及改进建议；③呈现学生综合素质成长规律，包括学生综合素质发展性规律、比较性规律、溯源性规律，学生常模库、队列等。[⑤]例如，数峰科技KANKAN AI依托人工智能、大数据分析等新技术，构建可复制推广的"五育并举"学生综合素质评价系统。

[①] 靳玉乐，郎园园. 中小学综合素质评价主体选择问题探讨——基于利益相关者视角的分析[J]. 当代教育科学，2014（6）：15-17，23.

[②] 朱哲. 考试招生制度改革："招分"与"招人"的博弈[J]. 人民教育，2014（10）：47.

[③] 张铭凯. 第三方评价机构参与中小学生综合素质评价：可能、角色与运行[J]. 教育发展研究，2014，33（20）：34-39.

[④] 张远增. 我国高中招生制度改革的现状与对策研究[J]. 人民教育，2008（Z2）：11-17.

[⑤] 陈丽. 智能技术支撑学生综合素质评价：改革与创新[J]. 现代教育技术，2023，33（12）：5-13.

这表明 AI 技术在综合素质评价中的应用，确实提高了学生评价的准确性和客观性，促进了学生全面发展。当然，AI 技术的应用也需要教育者不断探索和创新，以实现更好的教育效果。

二、综合素质评价的深化与支持

（一）学理研究的深化

当前，我国对综合素质评价的研究虽已取得一定进展，但仍需加强学理研究。具体而言，应深入探索综合素质评价的结构、特征、表征方式、评价方式以及评价指标体系的细化等方面。① 这些研究不仅有助于构建更为科学、合理的评价体系，还能为实际操作提供坚实的理论基础。同时，应积极响应《深化新时代教育评价改革总体方案》的号召，创新评价工具，充分利用人工智能、大数据等现代信息技术手段，探索开展学生各年级学习情况全过程纵向评价、德智体美劳全要素横向评价。② 这不仅能够实现评价的精准化和个性化，还能有效提升教育评价的效率和准确性。

（二）平台体系的建设

建立义务教育学生综合素质评价的平台体系是当前研究的另一重要方向。通过构建统一的评价平台，实现对学生综合素质的全面、客观、公正评价，平台应能够根据学校的类型、地域、规模等整合各类评价数据，运用大数据技术进行深度挖掘和分析，为学生提供个性化的成长建议和发展规划。然而，需要注意的是，当前运用大数据对综合素质进行评价的多为发达城市、高端学校，普通学校还处于尝试建立评价体系和数据库的过

---

① 魏金宝，黄秦安，张勇. 中小学生综合素质评价研究综述［J］. 考试研究，2016（3）：73–79.

② 刘云生. 运用现代信息技术开展学生立体评价的时代意蕴与探索思路［J］. 国家教育行政学院学报，2020（10）：3–10, 23.

程中。因此，应针对不同类型的学校，研究综合素质评价的以校为本的实施策略以及与之相关的内容，如学校的办学条件、培养目标、校本课程建设等，有助于实现评价的本土化、特色化，推动学校教育教学的信息化建设。

（三）实施策略的多样化

在综合素质评价的实施过程中，应注重策略的多样化。一方面，应充分发挥多元评价主体的作用，包括第三方评价机构、社区人士、学生（本人、同伴）、教育行政人员、学校管理者、家长和教师等。这些评价主体能够从不同角度、不同层面为学生提供全面的评价反馈，有助于促进学生的全面发展。另一方面，应根据不同学校的现实条件，制定个性化的评价策略。例如，对于以艺术或体育为特色的学校，可以在评价体系中增加相应的评价维度和指标；对于农村或偏远地区的学校，可以注重评价学生的实践能力和社会责任感等方面。

（四）政策保障与持续改进

为了确保综合素质评价的顺利实施和持续改进，建立义务教育学生综合素质评价的平台体系，政府应出台相关政策文件，明确评价的目的、原则、方法和程序等，为学校和教师提供清晰的指导和规范。同时，政府应建立健全的监督机制，定期对评价工作进行检查和评估，确保评价的公正性和有效性。此外，还应鼓励学校和教师积极探索新的评价方法和工具，不断优化评价流程和指标体系。

综上所述，我国义务教育学生综合素质评价的研究和实践仍需不断深化和完善。通过加强学理研究、建立平台体系、实施多样化策略以及加强政策保障与持续改进等方面的努力，教育部门可以为学生提供更加全面、客观、公正的评价反馈，促进学生的全面发展、个性发展和学校特色的建设。

第二章 综合素质评价的核心要素

第一节 德育评价

德育评价是对德育工作和结果进行价值评判[①]，德在综合素质评价体系中占据着不可或缺的地位，对学生的道德行为塑造和品德发展起着至关重要的作用。道德教育是个人精神世界的基石，同时也是社会稳定与进步的重要推动力，因此，建立一套科学、全面的德育评价体系，对于引导学生形成良好的道德品质具有重大价值。

一、德育评价的内涵

德育评价不仅关注学生外在的道德行为表现，更深入地剖析和评估学生内在的价值观、道德情感、行为习惯和责任意识，其核心目标是引导学生将道德价值内化于心、外化于行，形成稳定而高尚的道德品格。

---

① 冯建军. 测量时代的德育评价：难为与能为[J]. 中国电化教育，2022（1）：1-8.

二、德育评价的内容

（一）道德认知

评估学生对道德原则和规范的理解，如诚实、责任、尊重、公正等，并观察其在实际生活中应用这些原则的能力。

（二）道德情感

学生对道德行为的情感体验，如同情心、责任感和正义感，以及他们对他人幸福和痛苦的真实情感反应进行评估。

（三）道德意志

评估学生在道德选择中的决心和毅力，特别是在面对困难或压力时能否坚持道德信念。

（四）道德行为

对学生在实际环境中的道德表现，包括与同学、老师、家长的互动，以及在集体活动中的表现进行评估，注重行为的一致性和持久性。

（五）社会责任

考查学生对社会的责任感和参与意识，评价其是否积极参与社会公益活动、关心集体利益和社会问题。

三、德育评价的方法

（一）过程性评价

过程性评价指日常观察、细致的行为记录和定期更新的成长日记对学生进行评价的方法。评价者不仅应关注学生在不同情境下的即时道德表现，还注重其发展变化的轨迹与趋势。过程性评价的优势在于，将德育活动中的写实性表现，如参与公益活动、团队合作项目时的行为举止，详细记录下来，利用现代信息技术，如电子成长档案系统，评价者能够实现对学生道德行为的持续、动态跟踪与全面记录，这些积累的数据为实施个性化评价提供了坚实的数据支持和深度洞察，有助于评价者更准确地把握每位学生的道德发展特点，制定针对性的培养方案。

（二）情境模拟

情境模拟指运用精心设计的角色扮演活动，创造了一系列贴近学生生活实际的假设情境，旨在考查学生在这些情境下的道德判断能力和选择倾向。例如，通过模拟"校园欺凌"场景，观察学生如何作为旁观者或参与者做出反应，以此评估其同理心、正义感及解决问题的能力。这种评价方式不仅增强了道德教育的实践性和生动性，还促进了学生道德认知与行为的一致性。

（三）自评与互评

自我评价报告和同伴互评机制，使学生主动反思自己的道德行为，识别成长点，并学会从他人的视角审视自身。例如，组织"道德成长小组会议"，让学生在小组内分享个人道德成长的小故事，随后相互给予正面反馈和建设性建议。这种评价方式不仅促进了学生的自我认知，还加强了同伴间的道德交流与学习，营造了积极向上的道德氛围。

（四）访谈与问卷

通过一对一深度访谈和精心设计的问卷调查，深入挖掘学生对道德问题的认知深度、情感态度和内在动机。访谈中，评价者会探讨学生对于诚实、尊重、责任感等核心价值观的理解与实践情况，以及他们在面对道德困境时的思考过程。问卷则围绕学生的道德观念、价值取向及道德行为倾向设计，采用匿名方式收集信息，以确保数据的真实性和客观性。这些收集到的信息为评价者提供了宝贵的第一手资料，有助于我们更全面地了解学生的道德发展状况，从而制定出更加精准有效的德育策略。

四、德育评价的导向

（1）德育评价应坚持正面导向，通过正向激励和及时反馈，增强学生的道德自信心和成就感，这是符合道德哲学中的功利主义原则的，即强调行为的结果应最大化幸福与利益。在评价过程中，教师应关注学生的积极表现，给予认可和鼓励，以激发其内在的道德动力，促进其道德成长。

（2）尊重学生的个性差异是德育评价的重要原则。每个学生都拥有不同的背景、经历和思维方式，因此在道德探索中，教师应鼓励学生展现批判性思维和道德审慎，培养他们的独立判断能力。这种方法避免了一刀切的评价标准，使得每个学生都能在自身的道德发展轨迹上找到适合自己的方向。

（3）德育评价还应与社会实践紧密结合。通过参与社会服务和贡献社会的活动，学生不仅能在真实的情境中运用道德价值观，还能深化对这些价值观的理解和认同。在服务他人的过程中，学生能够体会到责任感与同理心，从而内化道德标准，提升道德认知。

第二节 智育评价

智育评价关注学生的知识技能，主要考查学生基本知识及技能的掌握情况、迁移能力及解决问题的能力。[1]新时代的智育评价超越了传统学业成绩考核的范畴，更加注重学生的全面发展。

---

[1] 宋梦园，程岭. 五育并举视域下综合素质评价的困境与出路[J]. 教育实践与研究（C），2022（12）：49-53.

一、智育评价的内涵

智育评价不仅考量学生的认知能力、学科知识掌握程度，更全面评估其创新能力、问题解决能力，其根本目的是促进学生的智力全面发展，激发创造性思维，为未来的学习和生活奠定坚实基础。

二、智育评价的内容

（一）学业水平

（1）评估学生对各学科基本概念、原理和方法的理解和灵活应用能力，强调知识的系统性和完整性。

（2）考查学生跨学科思考、整合知识并解决实际问题的能力，体现知识的融会贯通。

（3）评估学生的学习态度、时间管理能力，以及自我反思和持续改进的能力，关注学习的持续性和有效性。

（二）创新能力

（1）评估学生面对复杂问题时，能否迅速分析问题本质，提出有效的解决策略，并付诸实践。

（2）考查学生在新情境、新挑战下，能否跳出传统思维框架，提出新颖、独特的观点和方法。

（3）考查学生在实验操作、社会实践中的动手能力、创新意识和团队协作能力。

三、智育评价的方法

（一）多元化测评

多元化测评体系可全面、客观地反映学生的学业水平和创新能力。这一体系不仅涵盖传统的考试形式,以检验学生对基础知识的掌握程度,还融入了项目报告、作品展示、口头演讲、实验操作等多种评价方式。通过这些多样化的评价手段,我们能够更准确地捕捉到学生的多元智能和创新潜能。

(二)过程性评价

过程性评价强调对学生学习过程的持续关注与评估。通过课堂参与度的记录、作业完成情况的详细分析,以及对学生的持续观察,教师能够深入了解学生在学习过程中的思维变化、创新尝试和进步轨迹。这种评价方式有助于及时发现学生的学习难点和兴趣点,为教师提供调整教学策略的依据,同时也鼓励学生积极参与学习过程,注重平时积累,而非仅仅关注最终成绩。

(三)自评与互评

学生自评与互评机制可培养学生的反思能力和合作创新精神。通过学生自评,学生可反思学习过程中的得失,明确个人学习目标和发展方向。同时,通过同伴互评,学生可以从他人的视角审视自己的学习和作品,学会欣赏他人的优点,并客观指出改进之处,这种互动不仅增强了学生之间的相互理解和尊重,还促进了班级内合作学习的氛围,共同推动创新精神的培育。

四、智育评价的导向

(1)智育评价应以学生为中心,结合义务教育学生的认知规律和身心发展特点,引导他们的自主学习和兴趣驱动。

(2)评价过程应鼓励探索和创新,提供富有挑战性和趣味性的学习活动,为学生营造支持创新思维和实践的环境,这与皮亚杰的认知发展理论相符。

(3)评价者要关注学生的个性差异和多元发展,尊重他们在不同领域的兴趣和能力。通过差异化的评价标准和方法，提供个性化的学习路径和发展空间，使每个学生都能在自己的节奏中成长，满足学生多样化的学习需求，培养其独立思考能力，促进学生全面发展。

第三节 体育评价

体育评价是以体育目标和理念为基本标准，以事实为依据，对体育过程及其结果做出的价值判断。这是一种体现主体性的评价者与评价对象的双边合作活动，一种动态性的评价。[①] 体育评价是综合素质评价的关键组成部分，旨在全面评估学生的身体素质和健康状况。通过细致入微且科学合理的体育评价，教育者能够精准把握学生的体能状态、健康习惯及心理倾向，进而引导其形成持久的运动爱好与健康的生活方式。

一、体育评价的内涵

体育评价不仅是对学生身体机能、运动技能及健康习惯的简单评估，更是一种全面审视学生身心健康、促进其全面发展的教育理念。体育评价旨在通过评价激发学生的运动潜能，培养坚韧不拔的意志品质，同时强化对健康生活的认知与追求。

二、体育评价的内容

（一）身体素质

身体素质是指人体在运动中所表现出来的各种基本能力。

（1）综合评估学生耐力水平，包括评估长跑、游泳等项目的表现，以及学生的心肺功能。

---

① 杨文轩，陈琦. 体育原理［M］. 北京：高等教育出版社，2004：130.

（2）综合评估学生力量水平，包括评估传统的引体向上、立定跳远等项目的表现，以及肌肉耐力与爆发力。

（3）全面考查学生关节的柔韧性和身体的协调性，包括进行坐位体前屈、瑜伽伸展等测试。

（4）综合评估学生的快速反应和移动能力，包括评估结合短跑、折返跑等项目的表现，以及进行敏捷性测试。

（二）健康状况

健康状况不仅仅局限于身体的生理机能，还涉及心理和社会适应等多个层面。

（1）评估基本的体重、身高、体脂率，以及血压、血糖等指标。

（2）评估学生的饮食习惯、作息规律及心理健康状况。

（3）评估学生参与体育活动的频率和持久性，以及其运动方式的科学性和合理性。

（4）评估学生的心理状态和社会适应能力。

三、体育评价的方法

（一）标准化测试与个性化评估相结合

采用规范的体能测试项目，如心肺耐力测试、肌肉力量评估等，通过穿戴智能设备获取客观数据。将这些数据，结合学生的个体差异进行个性化评估，考虑其身心发展阶段、健康状况和兴趣特长，确保每位学生的成长都能得到准确反映和支持。

（二）日常观察与动态跟踪相协调

日常观察指通过对学生参与体育活动的日常观察，评估其运动技能、团队合作能力和参与度；动态跟踪指建立动态跟踪机制，系统性记录学生的体能变化、运动习惯和进步轨迹。日常观察与动态跟踪相协调的评估方法不仅有助于发现潜在问题,还能及时调整教学和训练计划,以适应学生的发展需求。

(三)健康档案与信息化管理相融合

先建立涵盖学生体能测试结果、健康状况和运动习惯的个人健康档案;再利用信息化手段,长期跟踪和分析数据,为精准评价提供有力支持。这种方式能够帮助教师和家长快速获取所需信息,支持学生的健康和体育决策。

(四)自评与反馈促进

自评旨在帮助其反思个人进步和不足之处;反馈旨在通过反馈机制,促进学生自我认知和主动改善。这种方法不仅提高了学生的参与度,还培养了其自主学习和自我管理能力。

四、体育评价的导向

(1)体育评价应秉持"以人为本"的理念,特别要结合义务教育学生的身心特点,注重个体差异和全面发展。

(2)义务教育学生正处于身体快速发育和心理逐渐成熟的关键时期,因此,评价应关注他们的身体机能、心理状态以及社会适应能力。

(3)学校通过积极的反馈和激励措施,培养学生的运动兴趣和健康意识。教师应以鼓励为主,激发学生的内在动力,让他们在运动中体验乐趣和成就感,针对不同学生的兴趣和能力,提供多样化的运动选择,确保每个学生都有机会发现和发展自己的运动特长。

(4)学校应强化对健康生活方式的倡导和引导,帮助学生建立积极的生活态度和健康的生活方式,包括传授营养知识、鼓励规律锻炼、保持心理健康和良好的社交行为。结合学生的学习环境和家庭生活环境,教师可以设计互动活动和健康项目,让学生在学校和家庭中都能实践健康理念。

(5)通过科学和全面的体育评价,推动学生身体健康和全面发展。

这不仅包括体能测试和技能评估，还需结合心理健康和社会适应能力的考量，为他们的未来生活奠定坚实的健康基础。同时，评价结果应反馈给家长和学生，帮助他们制定个性化健康计划，确保学生在成长过程中保持积极和健康的生活方式。

第四节　美育评价

美育评价是根据美育的目标，运用科学可行的方法，着眼于学生审美素质的发展，对教学的要素、过程和效果所进行的一种价值性判断。[①] 美育评价在综合素质评价体系中占据着举足轻重的地位，它不仅仅是对学生艺术技能的简单考量，更是对其审美能力、艺术素养以及文化底蕴的全面审视。通过构建科学、系统的美育评价机制，教育者能够引领学生走进美的世界，感知美、欣赏美，并最终学会创造美，从而全面提升学生的文化素养和生活品质。

一、美育评价的内涵

美育评价不仅关乎学生的感知能力、审美判断、艺术创造力和文化理解力，更是一种以美育人、以文化人的教育理念。它旨在通过评价激发学生的艺术潜能，培养其高尚的审美情操，同时促进其在文化艺术领域的个性化发展。

二、美育评价的内容

（一）审美能力

（1）不仅考查学生对音乐、绘画、舞蹈等艺术形式的直观感受能力，

---

① 冉祥华. 美育的当代发展［M］. 北京：新华出版社，2008：246.

以及评估其对不同文化背景的审美理解。

（2）除了评估学生对艺术作品形式、内容和风格的理解外，还考查培养其批判性思维和独立思考能力。

（3）考查学生通过艺术作品表达自己的情感和思想的能力，以及其同理心和共情能力。

（二）艺术素养

（1）在考查学生音乐、绘画、舞蹈等领域技艺水平的基础上，评估其技能的综合运用和创新能力。

（2）考查学生在艺术创作中的创新思维、实践能力和团队协作能力。

（3）评估学生对不同文化艺术形式是否都理解和尊重。

三、美育评价的方法

（一）作品展示与互动评价

通过组织画展、音乐会或表演等形式展示学生的艺术作品，评估其艺术技能和审美表达，并鼓励观众与创作者之间进行互动交流。这种互动有助于学生获得多元化的反馈，促进审美共鸣和理解，激发他们的创作灵感，同时提升其沟通能力和自信心。

（二）项目式学习与过程评价

采用项目式学习方法，要求学生从构思到创作全程参与，这种评价方法不仅关注最终作品的质量，更注重学生在创作过程中的思维方式、创新能力和团队协作能力。通过观察和记录学生在项目中的进展，教师可以识别学生在解决问题、创意开发和团队合作中的表现，为后续教学提供指导。

（三）课堂观察与情境评价

在艺术活动中，通过对学生参与情况的课堂观察，评估其审美兴趣、合作能力和情境适应能力，观察细节包括学生在团队活动中的角色、对任务的反应以及在不同情境中的表现。这些观察结果为个性化教学提供依据，使教师能够调整教学策略，满足不同学生的需求。

（四）反思与讨论

鼓励学生在艺术活动后进行反思和讨论，评估他们对活动的理解和体验，这不仅帮助学生认识自身的优势和需要改进的地方，还促进其批判性思维和自我评价能力的提高。教师可以引导学生通过分享感受和观点，加强他们的反思习惯，并通过建设性的讨论深化他们的审美认知和合作技能。

四、美育评价的导向

（1）美育评价应鼓励学生个性化的艺术表达，学生评价应注重过程而非结果，特别要结合义务教育学生的身心特点以及他们的学习和生活环境。义务教育学生正处于创造力和想象力快速发展的时期，因此，评价应以激发他们的创造力和艺术热情为核心。

（2）在评价过程中，评价者应尊重学生的独特视角，鼓励他们以多样的方式表达自己。通过提供自由探索的空间，让学生在艺术创作中体验乐趣和成就感，培养其对艺术的持久兴趣。这种体验式学习符合他们的认知规律和心理发展特点，有助于增强自信心和表达能力。

（3）美育评价应充分考虑学生的学习环境和生活背景。学校提供多元化的艺术体验和资源，促进其对不同文化和艺术形式的理解和欣赏；可以通过整合社区资源、家庭支持以及学校艺术活动，营造一个丰富的艺术环境。

第五节　劳动教育评价

2020年3月，中共中央、国务院印发了《关于全面加强新时代大中小学劳动教育的意见》，提出要加强劳动教育评价，探索建立劳动清单制度，明确学生参加劳动的具体内容和要求，让学生在实践中养成劳动习惯，学会劳动、学会勤俭。加强过程性评价，将参与劳动教育课程学习和实践情况纳入学生综合素质档案。

劳动教育评价是劳动教育实施的重要环节，其目的是促进学生劳动素养的提升和素质的全面发展。劳动教育评价是综合素质评价的关键组成部分，旨在全方位、多角度地评估学生的动手能力和劳动精神，为学生的全面发展提供有力支撑。通过科学的劳动教育评价体系，教育者能够推动学生实践技能的提升，培养其深厚的责任意识和团队协作精神，为学生的长远发展奠定坚实基础。

一、劳动教育评价的内涵

劳动教育评价不仅是对学生动手实践能力和劳动精神的简单评估，更是一种以劳育人、以行促知的教育理念。它旨在通过评价引导学生积极参与劳动实践，培养其具备基本的劳动技能、良好的工作态度，以及卓越的团队合作能力，使学生成为既有理论知识又有实践能力的复合型人才。

二、劳动教育评价的内容

（一）动手能力

（1）不仅考查学生在园艺、手工制作、烹饪等劳动项目中的操作技能，还考查其技能的综合运用和创新能力。

（2）评估学生在实际劳动任务中面对问题时，是否会运用所学知识进行分析和解决。

（3）评估学生在劳动中是否勇于尝试新方法、新思路，考查其展现出的创造力和实践创新能力。

（二）劳动精神

（1）评估学生在劳动中展现出的责任感和担当精神，以及其对任务完成的积极态度和敬业精神。

（2）考查学生在团队劳动中的协作精神和沟通能力，评估其团队协作意识和集体荣誉感。

（3）评估学生在劳动过程中表现出的坚持不懈、吃苦耐劳和敬业态度。

三、劳动教育评价的方法

（一）项目作业与成果展示

项目作业指通过设计、实施具体、贴近生活的劳动项目，如手工制作、园艺种植、社区服务等，旨在全面评估学生的动手能力、项目规划与管理能力，着重考查学生创新思维和问题解决能力。

成果展示指学生采用如展览、报告、视频等多种形式分享其成果。

（二）实践观察与过程记录

实践观察指在日常劳动课程和活动中，教师需细致观察并记录每位学生的劳动行为、态度变化，以及遇到的挑战与解决策略，注重评估学生在劳动过程中的学习轨迹、努力程度以及团队合作精神。

过程记录指通过定期的过程性评价，教师及时给予学生正面反馈和建设性建议，帮助他们认识到劳动的价值，培养持之以恒和精益求精的劳动态度。

（三）自评与互评

自评指通过填写自我评价表或撰写反思日志，评估自己在劳动项目中的表现、收获和待改进之处，增强自我认知能力。

组织同伴互评可促进学生之间的相互学习与理解，培养批判性思维和团队协作能力。

（四）教师反馈与持续指导

教师应作为引导者和支持者，通过日常的个别指导和集体讨论，为学生提供及时、具体的反馈,旨在帮助学生认识到自己的长处与不足,鼓励他们在实践中不断探索与尝试。反馈内容应涵盖技能提升、工作态度、创新思维等多个维度。

教师应根据学生的进步情况,适时调整教学策略,确保每位学生都能在适合自己的节奏下持续进步。

(五)多样化实践与情境模拟

为了增强学生的适应能力和创新能力,教师应设计多样化的劳动实践项目和情境模拟活动,涵盖传统手工艺、现代科技应用、社会服务等多个领域。

学校通过组织学生在不同情境下的劳动体验,如户外探险、工厂实习、社区服务项目等,让他们不仅能够锻炼动手能力,还能学会如何在不同环境中灵活运用所学知识,培养解决问题的能力、团队合作精神以及社会责任感,为未来生活和工作打下坚实的基础。

四、劳动教育评价的导向

(1)劳动教育评价应注重过程导向,强调学生在实践中的学习和成长,特别是结合义务教育学生的身心特点和他们的学习、生活环境。义务教育学生正值好奇心强、动手能力快速发展的时期,因此,评价应以引导和激励为主。

(2)通过积极的反馈和多样化的实践机会,如校内外劳动项目、社区服务和家庭任务,激励学生形成积极的劳动观和正确的价值观。教师应使用及时且给出具体的反馈,帮助学生认识到自己的进步与潜力,增强他们的自信心和责任感。

(3)评价应尊重学生的个体差异,鼓励创新和个性发展。通过灵活的评价标准,教师可以关注学生的独特兴趣和能力,从而提供定制化的学习路径,支持他们在探索中发现自身优势。

第三章 综合素质评价的理论框架

第一节 综合素质评价的维度与评价方式

在新时代教育改革的浪潮中，综合素质评价显得尤为重要，它不仅是对学生学业成就的单一衡量，更是对学生全面发展状况的综合反映。构建科学、合理的评价维度与指标体系，对于引导学生全面发展、提升教育质量具有深远意义。

一、综合素质评价的指导思想

依据《深化新时代教育评价改革总体方案》《义务教育质量评价指南》的精神，综合素质评价应坚守教育方针的根本要求，明确办学方向，全面落实立德树人根本任务，在此基础上，遵循教育发展的内在规律，系统、有序地推进教育评价体系的全面改革，以发展素质教育为核心目标。综合素质评价不仅是对学生知识技能的考核，更是促进学生德智体美劳全面发展的重要手段，也是诊断学校教育教学质量的重要指标，推进教育优质均衡发展的重要抓手。

二、综合素质评价的维度

（一）德育维度

德育是教育的灵魂，它涉及学生的道德品质、公民意识和社会责任感等方面。通过对学生日常行为的观察、社会实践活动的参与情况以及志愿服务精神的培养等方面的评价，教育者能够有效地引导学生树立正确的世界观、人生观和价值观，成为有道德、有品行的好公民。

（二）智育维度

在智育方面，综合素质评价关注学生的知识掌握、思维能力、创新意识和问题解决能力。通过多元化的评价方式，如课堂互动、作业分析、项目探究和学科竞赛等，教育者能全面、客观地评估学生的智力发展水平和潜能，鼓励他们在知识的海洋中不断探索、创新。

（三）体育维度

体育评价旨在促进学生的身心健康和体育技能的发展。通过建立完善的体质监测机制、日常体育锻炼的跟踪记录以及专项运动技能的测试，教育者能够引导学生养成良好的运动习惯，增强体质，为未来的学习和生活奠定坚实的基础。

（四）美育维度

美育是培养学生审美情趣和艺术修养的重要途径。教育者关注学生的艺术课程学习成果、艺术实践活动的参与度，以及审美能力的提升情况，通过丰富多彩的艺术教育和实践活动，让学生在感受美、创造美的过程中提升自我修养和审美能力。

（五）劳动教育维度

党的教育方针要求，教育必须为社会主义现代化建设服务、为人民服务,必须与生产劳动和社会实践相结合……劳动教育对于培养学生的实践能力和劳动精神至关重要。中小学应重视学生的劳动观念、劳动技能的培养以及劳动习惯的养成。通过实施劳动教育课程、组织劳动实践活动并建立相应的评价机制,教育者引导学生树立正确的劳动观,珍惜劳动成果,成为勤于劳动、善于创造的新时代好学生。

三、综合素质评价的方式

为了确保综合素质评价的科学性和有效性,评价者可以根据《深化新时代教育评价改革总体方案》的理念、《义务教育质量评价指南》的要求,构建适合本校的指标体系。

(一)定量指标与定性指标相结合

综合素质评价应综合运用定量指标(如考试成绩、体质测试数据等)和定性指标(如行为表现、作品评价、教师评语等),从而全面反映学生的综合素质水平。

(二)过程性评价与结果性评价并重

对学生学习成长过程的评价,不仅应关注最终的学习成果,也应重视学生在学习过程中的态度、方法和努力程度。通过课堂观察、作业分析、项目评价等方式,全面了解学生的成长轨迹。

(三)多元化评价主体

鼓励学生、教师、家长及社区等多方参与评价,形成多元化的评价主体格局。通过自我评价、同伴评价、教师评价、家长评价和社会评价相结合的方式,全面客观地评价学生的综合素质。

(四)信息技术手段的应用

充分利用信息技术手段提高评价的科学性和效率性。通过建立综合素质评价信息平台，实现评价数据的实时采集、分析和反馈，为教育决策提供科学依据。

义务教育学生综合素质评价的维度与指标体系是一个系统、全面且富有弹性的评价框架，旨在全面反映学生德智体美劳的素质和能力。通过多维度的评价体系，教育者能够更好地促进学生的全面发展，培养适应未来社会需求的创新型人才。

第二节　全面发展理论与综合素质评价

全面发展理论，作为我国教育评价体系的理论基石，深植于马克思主义关于人的全面发展学说，并与我国教育实践深度融合、持续发展。该理论着重强调学生在德智体美劳各方面的均衡与协调发展，致力于培育出德智体美劳全面发展的社会主义建设者和接班人。在新时代背景下，全面理论与《深化新时代教育评价改革总体方案》的精神高度契合，共同为构建科学、全面的综合素质评价体系提供了有力的理论支撑和实践指导。

一、全面发展理论

全面发展理论的核心在于倡导学生个体的多元化、全方位发展。具体而言，全面发展理论不仅重视学科知识的系统积累，更强调实践技能与创新能力的同步提升；在身体健康与心理健康方面并重，力求促进学生身心的和谐统一；通过深入的思想政治教育与日常行为规范的引导，着力培养学生的道德品质与社会责任感；借助艺术教育的独特魅力，提高学生的审美情趣与创造力；高度重视劳动教育的价值，使学生掌握基本的劳动技能，并树立正确的劳动观念。这一理论深刻诠释了教育的人文关怀与全面发展的价值追求。

二、构建科学的综合素质评价体系

综合素质评价是对学生发展状况的全面、客观反映，其目的在于打破传统以单一学科成绩为评价标准的束缚，推动学生朝着多元化、个性化的方向发展。根据《深化新时代教育评价改革总体方案》及《义务教育质量评价指南》的指引，综合素质评价体系应从以下五个方面进行科学构建。

（1）德育评价：注重学生思想品德的培育、道德行为的塑造，以及社会责任感的养成。通过评价引导学生形成正确的世界观、人生观和价值观，具备积极向上的道德风貌。

（2）智育评价：在关注学生学科知识掌握情况的基础上，更加注重学生思维能力的拓展、创新精神的培养以及实践能力的提升。通过多元化、开放性的评价方式，激发学生的求知欲和创新潜能。

（3）体育评价：重视学生体质健康的增强、运动技能的提高，以及体育精神的培育。通过评价推动学生积极参与体育锻炼，形成健康的生活方式和坚韧不拔的体育精神。

（4）美育评价：以艺术课程和校园文化活动为载体，着力提升学生的审美情趣、艺术修养和创新能力。通过美的熏陶和感染，达到以美育人、以文化人的目的。

（5）劳动教育评价：鼓励学生积极参与各类劳动实践，培养正确的劳动观念、掌握实用的劳动技能，并注重评价学生的劳动态度、劳动成果和劳动精神。通过劳动教育让学生深刻理解劳动的价值和意义。

三、探究全面发展理论与综合素质评价的内在联系

全面发展理论与综合素质评价之间存在着紧密的逻辑联系和相互促进的关系。全面发展理论为综合素质评价提供了明确的理论指导和评价框架，确保了评价体系的科学性、系统性和前瞻性。同时，综合素质评价的实施又不断检验和丰富着全面发展理论，通过实践反馈推动理论的持续创新和发展。二者相辅相成，共同致力于学生的全面发展和个性化成长。

四、实践意义与展望

在新时代背景下,深入推进全面发展理论与综合素质评价的结合具有重大的实践意义。这种结合不仅有助于推动教育评价体系的深层次改革,克服传统评价模式的局限性,更能促进学生的全面发展,提升教育质量,培养更多适应未来社会发展需求的优秀人才。

探索综合素质的校本评价策略,对于提升教育质量和促进学生全面发展具有重要意义。首先,校本评价策略能够充分考虑学校的特色和学生的个体差异,为学生提供更加个性化的评价方案。其次,这种策略有助于激发学生的学习积极性和创造力,培养其自主学习能力和问题解决能力。再次,校本评价策略能够促进教师专业发展,推动教学方法和内容的创新。最后,通过校本评价策略,学校可以更好地落实国家教育政策,同时保持自身的特色发展。

展望未来,随着教育改革的不断深化和综合素质评价体系的日益完善,教育部门和教育者期待看到更多学生在全面发展理论的指引下,实现个性化成长和多元化发展。这不仅将有助于学生适应快速变化的社会需求,也将为构建中国特色社会主义现代化教育强国奠定坚实的人才基础。教育者应当持续关注评价体系的优化和创新,确保其能够准确反映学生的综合素质,并为学生的全面发展提供有力支持。同时,教育部门应当加强政策引导和资源支持,为学校实施综合素质评价创造良好的环境,推动教育评价改革向纵深发展,最终实现培养德智体美劳全面发展的社会主义建设者和接班人的教育目标。

第四章 综合素质评价的方法与工具

第一节 质性评价方法

质性评价方法强调通过自然的、非结构化的方式来收集和分析评价信息,以深入理解和解释评价对象的行为、态度和情感。在基础教育领域,观察评价、访谈评价和档案袋评价是常用的质性评价方法。

一、观察评价

观察评价是指通过系统地、持续地记录学生在自然环境中的行为表现,以获取有关其素质发展的信息。其目的在于深入了解学生的日常行为、学习习惯和互动方式,从而为个性化教学提供依据,支持学生的全面发展。

(一)实施要点

1. 设定明确目标

确保观察者具备必要的专业知识和技能,明确观察的目标和重点领域,如学习态度、合作能力、创新表现等,以便聚焦于最能反映学生综合素质的行为特征。

2. 制订具体计划

设计具体的观察方案，包括时间、地点、观察对象和方法等。需要注意，应选择典型的课堂活动、课外活动或社交互动场景，以保证观察的全面性和代表性。

3. 记录客观

在自然环境中，客观记录学生的实际表现。使用标准化的记录工具，如观察量表或笔记本，确保信息的准确性和完整性。

（二）优势与不足

观察评价的优势如下：观察能直接、真实地收集学生的行为表现，为评价提供第一手资料，有助于识别学生的潜在能力和需要改进的领域。

观察评价的不足之处如下：观察可能受到观察者的主观因素影响，如偏见或期望效应，因此，观察者需具备较高的专业素养和观察能力，保持中立和客观。另外，由于需要较长时间的观察才能获得全面信息，对资源和时间要求较高。

二、访谈评价

访谈评价是一种深度交流的评价方式，旨在通过与学生进行面对面的对话，深入探索他们的思想观点、情感态度、价值观念及学习生活中的各种体验。此方法不仅能够捕捉到学生言语背后的深层含义，还能揭示其个性特征、心理状态及成长需求，从而为综合素质评价提供丰富而深入的第一手资料。

（一）实施要点

1. 明确访谈目的与设计访谈提纲

访谈者在进行访谈之前，应清晰地界定访谈的目标，并围绕这些目标精心设计访谈提纲。提纲应涵盖希望了解的核心问题，同时留有一定的灵活性，以便在访谈过程中根据实际情况进行适当调整。

2. 选择恰当的访谈方式与环境

根据评价需求和学生的特点，访谈者应选择合适的访谈方式，如个别访谈、小组座谈等，同时要确保访谈环境安静、舒适，且有助于学生放松心情、畅所欲言。

3. 保持亲切与耐心的访谈态度

在访谈过程中，访谈者应以亲切、和蔼的态度对待学生，耐心倾听他们的表述，并通过适当的引导与反馈，鼓励学生真实、自然地表达自己的想法与感受。

4. 注重学生隐私保护与访谈伦理

访谈者应严格遵守访谈伦理规范，确保学生个人信息的安全与保密。在访谈开始前，访谈者应向学生明确说明访谈的目的、内容以及信息处理方式，征得学生的同意与配合。

5. 及时整理与分析访谈资料

访谈结束后，访谈者应尽快对收集到的资料进行整理与归纳，提炼出关键信息，同时结合其他评价方法所获得的数据，进行综合分析与解读，以形成更全面、深入的学生评价报告。

（二）优势与不足

访谈评价的优势如下：一是深入了解学生内心世界。通过面对面的交流，能够触及学生的深层想法与感受，为评价提供更为个性化、人性化的信息。二是丰富评价内容与维度。访谈评价能够涵盖学生的知识、技能以外的多个方面，如情感态度、价值观念等，从而丰富评价的内容和维度。

访谈评价的不足之处如下：一是受学生表达能力影响。学生的口头表达能力参差不齐，可能影响访谈信息的准确性和完整性，因此，访谈者需要具备良好的倾听与引导技巧，以帮助学生更好地表达自己。二是依赖访谈者的专业素养。访谈评价的效果在很大程度上取决于访谈者的专业素养和沟通技巧，缺乏经验的访谈者可能难以捕捉学生的真实想法或有效引导对话方向。三是时间与资源消耗较大。相比其他评价方法，访谈评价通常需要投入更多的时间和资源，从访谈准备到实施再到资料分析，整个过程都需要精心组织和周密安排。

三、档案袋评价

档案袋评价是通过系统收集学生在特定时间段内的作品、作业、反思记录等多种形式的资料，以此为依据对学生的综合素质进行深入评价的一种方法。该方法着重强调过程性评价和多元性评价相结合，旨在更真实、全面地揭示学生的发展轨迹和综合能力。

（一）实施要点

1. 明确目标与定位

在实施档案袋评价之初，教师必须清晰界定评价的具体目标和内容范围，确保每一项资料的收集都服务于明确的评价目的，从而提高评价的针对性和有效性。

2. 科学指导与自主整理

教师需要给予学生充分的指导，帮助他们理解档案袋评价的意义，并教授他们如何有效选择和整理能够反映自身成长与进步的资料，同时鼓励学生自主管理档案袋，真实展现个人的学习历程和发展变化。

3. 定期反思与互动交流

教师应设定固定的时间节点，组织学生针对档案袋中的内容进行自我反思，认识自身的进步与不足，并制定改进计划。此外，教师应开展学生之间的交流活动，鼓励他们分享彼此的成长经验，相互学习，共同进步。

4. 客观评价与及时反馈

教师需依据档案袋中翔实的资料，对学生的综合素质进行客观、全面的评价，评价过程应注重实证，避免主观臆断。同时，教师应及时将评价结果反馈给学生，帮助他们认清现状，明确努力方向。

（二）优势与不足

档案袋评价的优势如下：一是全面性。档案袋评价能够涵盖学生在学术、技能、情感态度等多个方面的发展情况，提供全面的评价视角。二是过程性。通过持续收集资料，档案袋评价能够动态地反映学生的学习过程和成长轨迹，使评价更加深入和细致。三是证据丰富。档案袋内的资料为评价提供了丰富的实证材料，增强了评价的可信度和说服力。

档案袋评价的不足之处如下：一是实施难度。档案袋评价的实施需要教师和学生投入较多的时间和精力进行资料的收集、整理和反思，对双方的自主性要求较高。二是观察者效应。评价过程中可能受到教师个人偏见的影响，需要通过多元化的评价主体和方法来加以平衡和校验。三是标准化挑战。由于档案袋评价强调个性化和过程性，如何在保持其灵活性的同时确保评价的标准化和公正性，是一个需要关注的问题。

观察评价、访谈评价和档案袋评价是义务教育学生综合素质评价中的重要质性评价方法，它们各有特点和优势，可以相互补充和完善，共同促进学生的全面发展。在实施过程中，评价者需要根据具体情况选择合适的方法，确保评价的客观性、准确性和有效性。

第二节 量化评价方法

量化评价方法通过运用数学和统计工具对收集到的数据进行量化处理和分析，以更精确地描述和比较评价对象的特征。问卷调查、测验和量表是常用的量化评价方法。

一、问卷调查

问卷调查是通过精心设计的问题集，系统地收集目标群体的信息、观点和态度，从而深入了解他们在特定教育领域的状况。其目的在于，通过量化分析揭示教育现象的本质特征、学生的综合素质和他们对教育环境的感知，为教育改进提供实证支持。

（一）实施步骤

1. 设计问卷

在问卷设计过程中，设计者应确保问题表述清晰、简洁，避免使用歧义或复杂的措辞。同时，设置的问题应涵盖评价所需的各个方面，形成完整的评价体系。另外，还需注重问题的科学性和有效性，确保所收集数据的真实性和可靠性。为避免引导性或模糊性问题，可采用客观题与主观题相结合的方式，既收集定量数据，又获取定性信息。

2. 确定样本

在选择调查对象时，设计者应综合考虑学生、教师、家长等多元主体，以确保数据的全面性和多维度性，同时根据评价目标和实际条件，合理确定样本规模，以保证评价结果的代表性和可信度。

3. 实施调查

在调查实施过程中，采用纸质问卷和电子问卷相结合的方式可以适应不同群体的需求。同时，设计者应确保调查的匿名性，以消除被调查者的顾虑，提高数据的真实性。在调查过程中，还需加强监督和管理，确保问卷的回收率和填写质量。

4. 数据处理与分析

在收集到问卷后，设计者应使用专业的统计软件进行数据处理和分析，通过对数据的整理、筛选和归纳，提炼出关键信息，形成有价值的结论。同时，在数据分析过程中，设计者应注重对异常数据的识别和处理，以避免其对结果造成不良影响。为确保分析结果的准确性和客观性，可采用多种统计方法进行比较和验证。

（二）优势与不足

问卷调查的优势如下：问卷调查能够高效地收集大量样本的数据，从而全面反映被调查群体的整体状况和趋势，通过量化分析，可以更加客观、准确地揭示教育现象和学生特征，为教育决策提供科学依据。此外，问卷调查还具有操作简便、成本较低等优点，适用于广泛的教育评价场景。

问卷调查的不足之处如下：

一是问卷设计的局限性。尽管设计者努力设计科学、有效的问题，但问卷仍然可能无法涵盖所有相关的评价维度。此外，问题的表述方式可能无意中引导或限制被调查者的回答，从而影响数据的真实性和客观性。

二是样本选择的偏差。调查对象的选择可能存在选择偏差，导致样本不够代表整体。例如，某些群体可能更容易被接触或更愿意参与调查，而他们的观点可能与整体有所偏差。

三是数据质量的不可控性。尽管我们强调匿名性以鼓励真实回答，但仍有可能出现虚假或随意填写的情况。此外，纸质问卷的填写质量可能会受到字迹清晰度、填写完整度等因素的影响；而电子问卷则可能面临技术故障或填写中断等问题。

四是数据分析的局限性。统计软件虽然强大，但在处理复杂数据或进行深度分析时可能仍有所不足。此外，对异常数据的处理需要谨慎，以避免误删重要信息或保留错误数据。

五是反馈机制的缺乏。问卷调查通常是单向的，缺乏与被调查者的实时互动和反馈机制，这可能导致评价者错过一些重要的、即时的信息或见解。

二、测验

测验是通过设计一系列具有针对性的题目和任务，对学生的知识掌握程度、技能运用水平以及综合能力进行客观、科学的测量与评价。其主要目的在于准确了解学生的学业成就，发现学生的智力发展潜力，并为教师提供教学反馈，以便更好地指导学生学习。

（一）实施步骤

1. 设计测验题目

教师依据教学目标和课程内容，制定具有代表性和区分度的题目，并确保题目能够全面覆盖相关知识领域和技能要点，同时注重题目的科学性和有效性，避免出现歧义或误导性信息。

2. 组织实施测验

在标准化的环境条件下进行测验，确保每个学生都能在公平、公正的氛围中展示自己的真实水平。同时，合理安排测验时间和节奏，使学生能够充分展示自己的能力。

3. 评分与结果分析

制定科学的评分标准，对测验结果进行客观、准确的评分。在此基础上，对学生的表现进行深入分析，找出学生的优势与不足，为后续的教学提供有针对性的建议。

（二）优势与不足

测验的优势如下：一是能够提供客观、量化的成绩数据，便于对学生进行横向比较和纵向追踪；二是有助于教师及时发现学生的学习问题，调整教学策略，提高教学效果；三是能够激发学生的学习动力，促进学生的自我反思和进步。

测验的不足之处如下：一是测验结果可能受到学生临时状态（如情绪、健康等）的影响，导致成绩波动较大，不一定能完全反映学生的真实水平；二是过于强调标准化和量化评价，可能忽视了学生的个性差异和多元化发展需求；三是在某些情况下，测验可能引发学生的焦虑和压力，对学生的身心健康产生负面影响。

为了弥补这些不足，评价者可以考虑在测验设计中融入更多元化的评价元素，如开放性题目、实践操作等，以更全面地评价学生的综合素质，同时加强对学生的心理健康教育，帮助学生正确看待测验成绩，减轻不必要的压力。

三、量表

量表是通过设定一系列具有等级性或描述性的评价标准，对被评价对象在某一特定维度或能力上的表现进行量化评估的工具。在基础教育评价中，量表旨在将学生的一些难以直接量化的内在素质、态度或行为转化为可比较的数值形式，从而更客观地反映学生的真实状态和发展水平。

（一）实施步骤

1. 选择或设计量表

根据评价目的和内容，评价者选择或自行设计合适的量表，确保量表具有良好的信度和效度，能够准确反映被评价对象的特征。

2. 实施评估

在明确指导语和填写要求的前提下，由评价者根据实际情况填写量表，确保评价过程的客观性和公正性。

3. 数据处理与分析

评价者对收集到的量表数据进行整理、统计和分析，以获取有关学生表现的具体信息和整体趋势。

（二）优势与不足

量表的优点如下：一是量表能够将主观性较强的素质、态度或行为等转化为客观的数值形式，便于进行定量分析和比较；二是量表通过设定明确的评价标准，使评价过程更具客观性和一致性，减少了主观偏见的影响；三是量表数据易于收集和处理，适用于大规模的评价活动，提高了评价效率。

量表的不足之处如下：一是量表的设计和开发需要较高的专业知识和技能，否则会影响量表的信度和效度；二是在某些情况下，量表可能无法完全涵盖被评价对象的所有重要方面，导致评价结果的片面性；三是量表通常只能反映被评价对象在某一特定时间点的状态，难以全面反映其动态发展过程。

为了克服量表的不足之处，评价者可以在量表设计和使用过程中注重多元评价方法的结合，以及定期对量表进行修订和更新，以确保其始终与评价目标保持一致并适应学生发展的需要。同时，加强对评价者的培训和指导，提高评价过程的科学性和准确性。此外，还可以考虑将量表评价与其他定性评价方法相结合，以更全面地了解学生的综合素质和发展状况。

第三节 综合评价方法

过程性评价、增值性评价、终结性评价与综合性评价是教育评价中的四种重要方式，在综合素质评价中扮演着不可或缺的角色。它们的结合使用能够更全面地反映学生的学习状况，为教师和学生提供准确的反馈信息，促进学生的全面发展，并激发和保持学生的学习动力。

一、过程性评价

过程性评价是一种关注学生在学习过程中表现的评价方式，它不仅包括对学习成果的评估，更侧重于对学生在学习过程中所展现出的学习态度、学习策略、合作与交流能力等方面的全面考量。这种评价方式的核心目的在于，通过对学生学习过程的深入观察与了解，帮助教师及时发现学生的学习问题和发展需求，从而调整教学策略，提升教学效果。过程性评价还能有效激发学生的学习积极性和自主性，促进他们在学习过程中的自我反思与成长。

（一）实施要点

1. 持续观察与记录

教师应在日常教学活动中，对学生的课堂表现、作业完成情况、小组讨论参与度等方面进行持续观察，并详细记录学生的表现。这些记录将为后续的评价提供有力依据，确保评价的客观性和准确性。

2. 多元反馈机制

除了教师对学生的评价外，还应引入学生自评、同伴互评以及家长评价等多元反馈机制，这样不仅能更全面地反映学生的学习状况，还能帮助学生从不同角度认识自己，提升自我认知能力，教师也应定期与学生和家长进行沟通，及时反馈学生的学习进展和问题，共同促进学生的成长。

3. 自我反思与调整

鼓励学生养成记录学习日志和反思日记的习惯。通过反思自己的学习过程，学生可以发现自身存在的问题和不足，从而及时调整学习策略，提高学习效率，这种自我反思的过程也有助于培养学生的自主学习能力和终身学习的意识。

（二）优势与不足

过程性评价的优势如下：

一是动态调整与及时性。通过对学生学习过程的持续关注，教师能够及时发现学生的学习问题和发展需求，从而在教学过程中进行动态调整。这种及时性不仅有助于提升教学效果，还能确保学生的学习过程始终保持在正确的轨道上。

二是全面性与多维度。过程性评价不仅关注学生的知识掌握情况，还重视学生在学习态度、学习策略、合作与交流能力等方面的表现。这种全面性和多维度的评价方式能够更真实地反映学生的综合素质，为他们的全面发展提供有力支持。

三是激发学习动力与自主性。通过引入多元反馈机制和自我反思环节，过程性评价能够有效激发学生的学习积极性和自主性。学生在了解自己的学习状况和他人的评价后，会更加明确自己的学习目标和发展方向，从而更加主动地投入到学习中去。这种自主性的提升对于培养学生的终身学习能力和创新精神具有重要意义。

过程性评价的不足之处如下：

一是评价主观性可能较强。过程性评价依赖于教师的观察和判断，因此会受到教师主观因素的影响。不同教师对学生的评价标准可能存在差异，导致评价结果的客观性和公正性受到一定挑战。

二是实施难度较大。相比传统的结果性评价，过程性评价需要教师投入更多的时间和精力进行持续观察和记录，同时学生的自我反思和日志记录也需要教师进行有效的指导和监督，这增加了评价的实施难度。

三是反馈信息的处理与利用不足。虽然过程性评价强调多元反馈机制，但在实际操作中，教师可能面临大量反馈信息的处理与利用问题。如果未能及时、有效地整合和利用这些反馈信息，将导致评价效果大打折扣。

针对以上不足，可以采取以下措施进行改进：

一是提高评价的客观性。制定明确的评价标准，并对教师进行相关培训，以减少主观因素对评价结果的影响。同时，可以引入同伴互评、家长评价等多元评价方式，以更全面地反映学生的学习情况。

二是简化评价流程与工具。设计简洁、高效的评价工具和流程，降低教师的实施难度。例如，可以利用信息技术手段进行自动记录和数据分析，减轻教师的工作负担。

三是加强反馈信息的处理与利用。建立完善的反馈信息处理机制，确保教师能够及时、准确地获取并利用反馈信息。同时，鼓励学生和家长积极参与到反馈过程中，形成良性的互动与沟通氛围。

二、增值性评价

每个学生都有自己的起点和成长轨迹，综合素质评价应根据学生的个体差异和成长情况进行评价。增值性评价不是对不同被评价者发展结果的横向比较,而是对同一被评价者的发展状态的纵向比较,既可以看出不同被评价者的进步水平与努力程度,也可以看出不同被评价者的"投入""成本"以及"投入产出比"[1]。"增值性评价本质是关注学生知识、能力、素质的发展,因为开展这种评价的依据和标准就是学生学业成就的增值(学生的发展)。因此,增值性评价非常强调学生的真正发展和综合发展。"[2]

(一)实施要点

1. 建立基线评估

在学期初或学年初教师应对学生进行全面的基础评估,包括学业成绩、品德修养、身心健康、艺术素养等方面,为后续的增值性评价提供参照点。

2. 设定个性化目标

教师根据学生的基线水平和个人特点,为每个学生制定合理的、可达成的成长目标。这些目标应该具有挑战性,但又不至于让学生感到压力过大。

3. 持续记录和跟踪

在整个学习过程中,教师需要持续记录学生在各个方面的表现和进步,可以采用电子档案、成长日志等方式,全面记录学生的学习轨迹。

4. 多元化评价方法

教师应采用多种评价方法,如观察法、访谈法、作品分析法等,全面了解学生在不同领域的成长情况。

5. 定期评估和反馈

教师应定期对学生的进步情况进行评估,并及时给予反馈。这种反馈

---

[1] 范国睿. 教育评价改革需要新路向[N]. 中国教育报,2020-07-20(2).
[2] 闫宁宁. 高校教师绩效评价研究[M]. 武汉:华中科学技术大学出版社,2022:103.

应该是具体的、建设性的，帮助学生了解自己的进步和需要改进的地方。

6. 注重过程性评价

教师应关注学生在学习过程中的努力程度、态度变化、思维方式的改进等，而不仅仅是最终结果。

7. 鼓励自我评价

教师应引导学生进行自我反思和评价，培养其自我认知和自我管理能力。

8. 综合分析增值情况

在学期末或学年末，教师应对比学生的起始状态和当前状态，分析其在各个方面的进步幅度，给出全面的增值性评价报告。

9. 个性化评语

根据学生的增值情况，教师应提供详细、具体的评语，既肯定成绩，又指出进步空间。

10. 评价结果的应用

教师应将增值性评价结果用于指导教学改进、学生个性化发展规划和家校沟通等方面。

（二）优势与不足

增值性评价的优势如下：可以更好地激发学生的学习动力，促进学生的全面发展，同时也能为教师提供更有针对性的教学反馈，推动教育质量的整体提升。

增值性评价的不足之处如下：需要教育者投入大量时间和精力，也需要学校和教育部门提供必要的支持和资源。

三、终结性评价

终结性评价是在学习阶段结束后进行的总结性评估，它主要通过考试、测验等方式来检验学生的学习成果。这种评价方式能够为学生、家长和学校提供一个客观的衡量标准，反映学生在一段时间内的学习成效，有助于了解学生的学业水平，并为教育决策提供重要依据，促进教育质量的提升。

（一）实施策略

1. 定期测试

设计标准化考试，注重测试内容的全面性和综合性，能够覆盖学生的知识和技能各个方面，以便科学评估学生的知识应用和理解水平。测试应结合不同学科的特点，确保评价的公正性和科学性。

2. 项目成果

项目报告和作品展示形式的终结性评价，可评估学生的综合能力和创新思维，这种方式能够更好地反映学生在实际应用中的表现，并鼓励他们发挥创造力。

3. 成绩分析

分析考试和项目结果，识别学生的优势和改进空间。通过对数据的深入分析，帮助教师和学生制订个性化的学习计划，促进针对性的提高。

（二）优势与不足

终结性评价的优势如下：

一是提供客观的成绩数据，便于学业水平的对比与评估。这些数据能够帮助学生、家长和教师直观地了解学生的学习状况，做出相应的调整和规划。

二是帮助制定未来的学习目标和发展方向。通过总结阶段的评价结果，能够为学生设定合理的进步目标，促进其持续发展。

终结性评价的不足之处如下：

一是片面性。终结性评价往往过于强调考试成绩，可能忽视学生在过程中的努力和进步。这种片面性可能导致学生将焦点放在应试技巧上，而非真正的知识掌握和能力提升。

　　二是压力与焦虑。终结性评价可能给学生带来较大的心理压力，尤其是在高强度的考试环境下，部分学生可能因为担心成绩而产生焦虑情绪，影响其正常发挥和学习兴趣。

　　三是缺乏灵活性。终结性评价通常是在固定时间和环境下进行，缺乏针对个体差异的灵活性。在这种评价模式下，无法充分考虑到学生不同的学习背景、兴趣和能力，容易导致对某些学生不公正的评价。

　　四是短期导向。终结性评价往往侧重于短期内的学习成效，忽略了学生长远发展的重要性。这可能导致学生为了应对考试而机械记忆知识，而非真正理解和内化所学内容。

　　五是反馈不足。在许多情况下，终结性评价的结果往往缺乏及时和有效的反馈。这使得学生难以从评价中获得建设性的指导，影响其后续的学习改进和能力提升。

四、综合性评价

　　综合性评价是结合过程性评价、增值性评价与终结性评价，从而构建出的一个更为全面且多维度的评价体系，旨在精确展现学生的综合素质。综合性评价的优势显著，具体表现在以下几个方面。

　　（1）在整体评估框架内，恰当地分配过程性评价与终结性评价的比重，可确保学生的学习过程和最终成果都能得到全面的反馈。

　　（2）通过对过程性数据和终结性结果进行深度挖掘与综合分析，可形成详尽且连贯的学生发展档案，有助于更准确地识别学生的学习模式、进步轨迹及潜在挑战。

　　（3）系统的专业培训，可提升教师在实施和整合过程性评价与终结性评价方面的能力，这不仅有助于教师更科学地评估学生表现，还能推动其教学方法的创新和教学质量的提升。

　　（4）根据学生的实时反馈和发展需求，可灵活调整评价策略，以确保评价方式与个体差异和学习需求的高度契合。这种动态调整机制有助于保持评价体系的时效性和针对性。

在义务教育领域，将过程性评价、增值性评价与终结性评价相结合的综合性评价，对于准确评估学生的综合素质具有不可忽视的价值。通过明确评价目标、优化评价工具、加强反馈机制，以及注重评价结果的运用与改进，能够更有效地促进学生的全面发展，并为提升整体教育质量奠定坚实基础。

第五章 信息技术在综合素质评价中的应用

第一节 信息技术对综合素质评价的支持

在综合素质评价中,信息技术扮演着越来越重要的角色,为综合素质评价提供了多维度、全方位的支持。随着大数据分析和智能算法等先进技术的出现,信息技术让评价的准确性和效率得到了显著提高。教育评价机构因此能够更加全面和客观地评估学生的综合素质,优化教育资源配置,促进教学质量提升。

一、信息技术在综合素质评价中的核心作用

(一)构建数据驱动的精准评价体系

学校应充分利用信息技术,自动、高效地收集并分析学生在学习行为、学业成绩、作业完成等多方面的数据。通过大数据和智能算法的深入挖掘,这些数据可以转化为详尽而精准的学生个体与群体发展报告,为教师提供科学、客观的评价支撑。这种基于数据的评价方式,不仅有助于教师全面了解学生的学习状况,还能准确预测其发展趋势,为实现个性化教

育奠定坚实基础。

（二）推动多元化与综合化的评价实践

借助信息技术的强大功能，学校可以灵活实施在线测评、电子档案袋记录、项目式学习成果展示等多种评价方式。这些多元化的评价方式不仅关注学生对知识的理解和掌握程度，还着重评估其在技能运用、情感态度、创新思维及问题解决能力等方面的表现。这种综合化的评价方式有助于促进学生全面发展，培养其成为具备综合素养的未来人才。

（三）建立即时反馈与动态调整的评价机制

信息技术为建立即时反馈机制提供了有力支持。通过实时向学生提供学习过程中的评价信息，学校可以帮助学生及时发现并纠正自身存在的问题和不足，引导其调整学习策略，提升学习效率。同时，教师也可以根据学生的实时反馈，动态调整教学内容和方法，以满足不同学生的学习需求，实现教与学的良性互动。

（四）打造个性化的学习路径与发展规划

基于对学生数据的深入分析，信息技术能够为每个学生智能推荐符合其学习特点和兴趣爱好的个性化学习资源和学习路径，这不仅有助于满足学生的差异化学习需求，还能激发其学习动力，挖掘其潜能，促进其实现个性化发展。同时，学校还可以利用这些数据为学生制定长远的发展规划，为其未来的学习和职业生涯提供科学指导。

二、信息技术应用的具体策略与措施

（一）构建综合性评价平台

学校应致力于开发一个功能全面的学生评价平台，该平台需集成数据收集、深度分析、即时反馈及可视化结果展示等多重功能。此平台的设计应支持教师从多个维度和层次对学生进行评价，从而确保评价过程的效率与精确性。通过这一综合性平台，学校能够更系统地追踪和评估学生的学习进展，为教学改进提供有力依据。

（二）提升教师信息技术应用能力

为确保教师能够充分利用信息技术进行评价工作，学校应定期组织相关的信息技术应用培训。这些培训应着重提升教师在数据收集、分析软件使用以及评价结果解读等方面的专业技能。同时，通过持续的实践指导和技术支持，确保教师能够将所学技能有效转化为日常评价工作中的实际操作。

（三）强化数据安全与隐私保护机制

在推进信息技术应用的过程中，学校必须高度重视学生数据的安全与隐私保护，应建立健全一套完善的数据管理制度，明确数据的收集、存储、使用及共享等各环节的操作规范；同时，采用先进的技术手段确保数据的安全存储，防止数据泄露或被不当使用，从而充分保护学生的隐私权益。

（四）促进家校协同评价

为形成家校共育的良好氛围，学校应利用信息技术平台加强家校之间的沟通与合作，通过定期向家长推送学生的学习进展报告、个性化学习建议等信息，让家长更深入地了解孩子在校的学习情况，并能积极参与到学生的评价过程中。这种家校协同的评价模式有助于增进家校互信，共同促进学生的全面发展。

三、信息技术支持的优点

（一）显著提升评价效率与精准度

信息技术的引入为义务教育学生综合素质评价带来了显著的效率提升。通过自动化的数据处理与分析功能，学校能够迅速完成大量学生的评价工作，从而极大地减轻教师的工作负担。此外，信息技术所提供的客观数据分析方法，如统计分析、趋势预测等，确保了评价结果的精准性和客观性，避免了人为因素导致的评价偏差。

（二）全面增强评价的公正性与透明度

借助信息技术的支持，学校能够实施更为公正和透明的评价流程。客观的数据分析减少了主观判断和个人偏见对评价结果的影响，从而提高了评价的公正性。同时，信息技术使得评价过程和结果更易于被各方所理解和接受，增强了评价的透明度，这不仅有助于提升评价的可信度，还能促进学校、教师、学生和家长之间的信任与合作。

（三）为教学持续改进提供有力支持

信息技术在综合素质评价中的应用，不仅关注于评价本身，更着眼于教学的持续改进。通过对评价数据进行深入挖掘和分析，教师可以准确识别出学生在知识掌握、技能发展、情感态度等方面的具体问题与不足。这些宝贵的信息为教师制定针对性的教学改进策略提供了有力依据，有助于不断提升教学质量，推动教育改革的深入实施。此外，信息技术还支持教师之间的协作与交流，促进优秀教学经验的共享与传播，为整个学校的教学水平提升创造了有利条件。

信息技术在综合素质评价中发挥着越来越重要的作用。它不仅提高了评价的效率和准确性，丰富了评价的内容和形式，还为评价的及时反馈与互动、长期追踪与个性化指导提供了有力支持。在未来的教育评价改革中，教育者应进一步探索信息技术的应用潜力，不断完善学生评价体系，促进学生的全面发展。

第二节 数据分析与反馈机制在综合素质评价中的应用

在综合素质评价中，数据分析与反馈机制是确保评价有效性和指导性的关键环节。

一、数据分析在综合素质评价中的作用

（一）全面深入地掌握学生情况

数据分析能够系统整合学生在德智体美劳等多个维度的发展信息，形成全面、细致的学生画像，这不仅包括学生的学业成绩，还涵盖了学生的道德品质、兴趣爱好、身心健康、社会实践等多方面的表现。通过数据分析，学校能够更深入地了解学生的整体发展状况，为制定个性化的教育方案提供坚实的数据基础。

（二）有力支持个性化教育实施

数据分析能够深入挖掘学生的个性化数据，精准识别每位学生在不同领域的优势、潜能以及存在的不足，这使得教师能够根据学生的具体情况，制定更加贴近学生实际、更具针对性的教学策略和辅导计划。通过个性化的教育引导，学校可以更好地满足学生的差异化需求，促进学生的全面发展。

（三）科学指导教学策略的改进与优化

数据分析为教师提供了基于实证的决策支持，帮助他们从海量的学生数据中提炼出有价值的信息，发现教学过程中的问题和挑战。基于这些数据分析结果，教师可以及时调整和优化教学内容、教学方法以及教学手段，使之更加符合学生的学习特点和认知规律。这种科学化的教学策略改进不仅有助于提升教学效果，还能有效提高教育资源的利用效率，推动学校教育教学质量的整体提升。

二、建立有效的数据分析机制

（一）多元化、全方位的数据收集体系

为确保学生评价的全面性和客观性，学校应构建一个多元化、全方位的数据收集体系。这一体系不仅涵盖学生的学业成绩，还需包括学生的日

常行为表现、课外活动参与度、心理健康状况等多个维度的数据。通过综合考量这些不同来源的信息，学校能够更全面地把握学生的发展状况，为后续的数据分析提供坚实基础。

（二）先进的数据处理与分析工具应用

在数据收集的基础上，学校应利用先进的信息技术工具和大数据技术，对数据进行深入处理与分析。这些工具能够有效地整合、筛选和挖掘数据中的关键信息，进而生成直观、易懂的可视化报告，这不仅有助于教育者更好地理解学生的发展状况，还能为他们提供有针对性的教学改进建议，促进数据分析成果在实际教学中的有效应用。

（三）建立统一、规范的数据标准与流程

为确保数据的准确性、一致性和可靠性，学校应制定一套统一、规范的数据收集和分析流程标准。这套标准应明确数据的来源、收集方式、处理流程和分析方法，以确保在整个数据分析过程中，各项操作都符合既定的规范。同时，学校还应定期对数据分析机制进行审查和更新，以适应学生发展需求和评价理念的变化，从而确保数据分析机制的持续有效性和适应性。

三、反馈机制在综合素质评价中的作用

（一）引导学生深入自我反思与持续成长

反馈机制在综合素质评价中扮演着至关重要的角色，其中最显著的作用之一是促进学生进行自我反思。通过定期、及时且具体的反馈，学生能够全面而深入地了解自身在学习、行为、情感以及社交等各个维度的发展情况。这种自我觉察的过程不仅有助于学生发现自身的优点和潜力，更能引导他们识别存在的问题和不足，从而激发内在的动力，进行自我调整和改进。因此，反馈机制在这里起到了一个桥梁的作用，连接了学生的当前

状态与他们的未来成长目标，推动他们不断向前发展。

（二）加强家校之间的沟通与协作

反馈机制还显著增强了家校之间的合作与沟通。定期向家长提供关于综合素质评价的反馈信息，可以让家长及时了解孩子在校的学习和发展动态，更重要的是，这种透明的沟通方式有助于建立家校之间的信任关系。家长能够更积极地参与到孩子的教育过程中，与学校共同承担起教育孩子的责任，为学生创造了一个更加和谐、支持性的学习环境，有助于他们的全面发展。

（三）助力教师专业素养与教学能力的提升

反馈机制对于支持教师的专业发展同样具有不可忽视的作用。通过收集和分析学生的反馈信息，教师可以获得关于教学效果、学生需求和自身教学方法等方面的宝贵数据。这些数据不仅帮助教师识别教学中的优点和亮点，还能够揭示教学中存在的问题和需要改进的地方。基于这些反馈，教师可以有针对性地进行教学调整和创新，从而提升教学质量，满足学生多样化的学习需求。同时，这一过程也促进了教师自身专业素养和教学能力的提升，使他们在教育实践中不断成长和进步。

四、建立有效的反馈机制

（一）确保反馈的时效性

学校应建立高效的信息处理与传递系统，确保对综合素质评价的反馈能够及时送达学生和家长手中。这种时效性不仅有助于学生和家长及时了解学生的学习状况，更能使他们根据反馈内容迅速做出相应的调整与优化，从而充分发挥反馈机制在引导学习进步方面的作用。

(二)实施个性化的反馈策略

考虑到每位学生的独特性,学校应根据不同学生的性格特征、学习风格和发展需求,提供个性化的反馈内容。这种定制化的反馈不仅能更准确地指出每个学生的优点与不足,还能为他们量身定制更具针对性的改进建议,从而提升反馈的实效性和学生的满意度。

(三)构建多元化的反馈渠道

为了确保反馈信息的广泛覆盖和便捷获取,学校应充分利用现代通信技术,通过家长会、电子邮件、在线教育平台等多种渠道并行传递反馈信息。这种多元化的反馈方式不仅能够满足不同家庭和学生的沟通需求,还能有效提高信息的传递效率和接收率。

(四)形成闭环的跟踪评估机制

反馈机制不应仅仅停留在信息提供的层面,更应关注学生后续的改进与发展。因此,学校需要建立一套闭环的跟踪评估机制,定期对学生的改进情况进行回顾与评估,并根据评估结果调整反馈策略,以确保学生能够在持续的反馈与指导中实现稳步的成长与进步。

数据分析与反馈机制在综合素质评价体系中占据着举足轻重的地位。它们相互依存、相互促进,共同推动着综合素质评价向更加科学化、精准化的方向发展。通过不断优化和完善这一体系,学校将能够为学生的全面发展、教师的教学改进以及教育质量的整体提升提供更为坚实有力的支撑。

第三节 大数据技术在综合素质评价中的应用

大数据技术评价平台在综合素质评价中发挥着至关重要的作用,它不仅与评价过程存在内在的耦合机制,还能够提供科学、全面、动态的评价信息,从而推动新时代教育评价改革的深入发展。大数据技术可以融入综合素质评价的各个环节，极大地提高操作效率、评价效果和评价效能。大数据技术下的综合素质评价耦合框架如图6-1所示。[①]

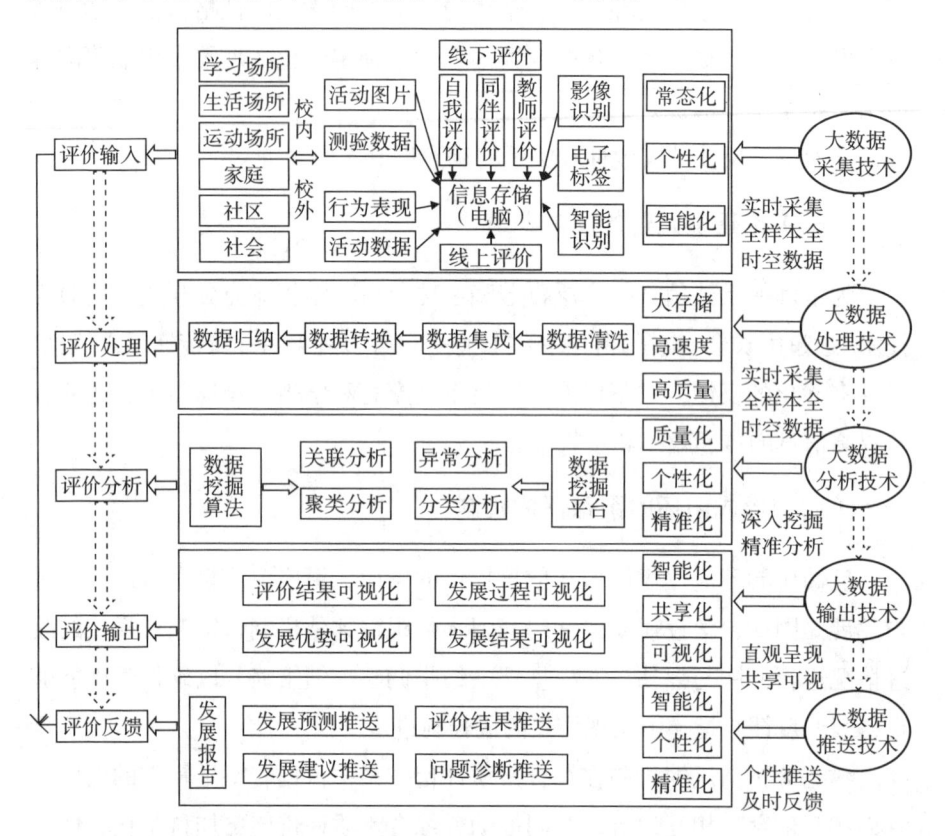

图6-1 大数据技术下的综合素质评价耦合框架

以图6-1的大数据技术支撑下的综合素质评价平台为例，该平台采纳了物联网、视频监控及智能录播等多元技术手段。

（1）在评价输入环节，该平台能够实时捕获学生日常学习与生活的全方位数据。这些数据涵盖文字记录、图片快照、音频录音、视频录像以及学生创作的各类作品，有力确保了所输入评价信息的真实性和全面

[①] 杨鸿，朱德全，宋乃庆，等. 大数据时代学生综合素质评价：方法论、价值与实践导向［J］. 中国电化教育，2018（1）：27-34.

覆盖性。

（2）当进入评价处理阶段时，大数据处理技术展现出其高效与精确的特点。通过对海量数据的细致清洗与整合，该平台成功地将原本"非量化"的复杂信息转化为"可量化"的数值指标，同时将零散的"数据碎片"汇集成有价值的"数据集合"。这一转变显著提升了评价处理的精确度和有效性。

（3）在评价分析环节，大数据技术的力量得到了进一步体现。通过运用分类算法、关联分析以及聚类技术等高级方法，该平台能够深入剖析学生素质发展的共同规律与个体差异，详尽挖掘学生成长的过程中有关综合素质的细节与特征标志，并精准地预测学生未来的潜能与发展趋向。这种分析不仅加深了对评价内容的理解，也极大地丰富了评价的层次和维度。

（4）该平台还具备以直观的可视化报告来展现评价结果的功能。通过运用图表等视觉元素，平台能够清晰地展示出学生在各个素质维度上的具体表现与发展动态，确保评价结果的系统性展现与精确传达。更为出色的是，平台还能针对每位学生的独特情况，提供量身定制的评价反馈与发展建议，帮助学生认清自身优势并明确需要改进的方向。这一特性极大地增强了评价反馈的时效性和指导意义。

（5）该平台强调多维度、多元化的评价理念。它不仅鼓励学生进行自我评价，还积极引入同伴互评、教师评价以及家长反馈等多个评价角度，从而更加客观、全面地反映出学生的综合素质状况。同时，该平台还支持对学生成长全过程的持续跟踪与记录，评价内容不再局限于期末或某个特定阶段的成果。这种过程性的评价方式，为教师和家长提供了及时调整教育策略的宝贵机会，有助于为学生规划出更加贴合其个性与需求的发展路径。

大数据技术与综合素质评价的紧密结合，不仅为评价工作带来了强大的技术助力，还开创了全新的操作模式与评价视野。通过这一创新实践，我们不仅能够更精准地识别和培育学生的个性特长与潜在需求，还能更科学地预测和挖掘学生的未来发展潜能，从而有力地推动学生实现全面而富有个性的成长，最终达成"立德树人"的教育目标。

第四节 电子档案袋在综合素质评价中的应用

一、电子档案袋设计原则

电子档案袋作为义务教育学生评价的重要工具，其设计应遵循以下原则，以确保其有效性、适用性和前瞻性。

（一）全面性原则

电子档案袋应全面涵盖德育、智育、体育、美育和劳动教育等各个方面的评价要求，这要求电子档案袋不仅能够记录学生的学科知识掌握情况，还要能够反映学生的道德品质、实践能力、创新思维、艺术素养和劳动态度等综合素质的发展状况。

（二）个性化原则

在全面性的基础上，电子档案袋的设计还应充分体现个性化。学校应根据自身的教育理念和办学特色，结合学生的个体差异和个性化需求，定制具有针对性的评价内容和展示方式，这既有助于彰显学校的办学特色，又能够更好地满足学生个性化发展的需求，促进每个学生的潜能得到充分激发。

（三）动态性原则

电子档案袋应具有动态性，能够实时更新并记录学生的成长轨迹。通过持续跟踪和记录学生的学习过程、成果展示、活动参与等方面的信息，反映学生在不同阶段的进步和变化，这不仅有助于教师及时了解学生的学习状况并提供有针对性的指导，还能够激励学生不断追求进步，实现自我超越。

（四）互动性原则

借助现代信息技术手段，电子档案袋的设计应增强师生、家校之间的互动交流。电子档案袋通过提供在线评价、反馈交流等功能，促进教师、学生和家长之间的即时沟通与协作，这不仅有助于提升评价的客观性和公正性，还能够增强教育合力，共同促进学生的全面发展。

（五）安全性与隐私保护原则

电子档案袋的设计应高度重视数据的安全性和学生隐私的保护，采取严格的数据加密、访问控制等措施，确保学生信息的安全存储与合法访问；同时，严格遵守相关法律法规和伦理规范，防止学生信息被泄露或滥用，切实保障学生的合法权益。

二、电子档案袋的结构

（一）基础信息模块

学生基本信息：姓名、学号、班级、年级等。

学校特色标签：学校可根据自身特色，如特色科技教育、特色艺术教育等，为学生设置特色标签。

（二）德育评价模块

思想品德：记录学生的日常行为规范、参与社会公益活动情况、道德表现等。

心理健康：心理健康自评、教师及家长评价、心理咨询记录等。

（三）智育评价模块

学业成绩：各科目成绩、进步情况、学习态度评价。

综合素质评价：基于新课程标准的学科素养评价，如批判性思维、创新能力、团队合作能力等。

项目式学习记录：学生参与的项目、研究、实验报告及成果展示。

（四）体育评价模块

体质健康：体质测试数据、日常体育锻炼记录。
体育技能：掌握的运动技能、参与体育竞赛及获奖情况。

（五）美育评价模块

艺术表现：音乐、美术、舞蹈等艺术课程学习成果展示。
审美鉴赏：参观展览、观看演出后的感悟与评论。

（六）劳动教育评价模块

劳动实践：家务劳动、校园劳动、社会劳动实践记录。
劳动技能：掌握的生活技能、劳动成果展示。

（七）自主与特色模块

个人成长日志：学生的自我反思、成长计划、目标设定等。
学校特色活动：参与学校特色课程、社团活动、文化节的记录与成果。
个性化展示：学生特长展示、创意作品、荣誉证书等。

三、电子档案袋的应用技术

（一）云存储与跨终端访问技术

学校应采用先进的云计算技术，为学生电子档案袋提供安全、稳定的数据存储环境。通过云存储，不仅可以确保学生信息的长期保存，还能实现数据的快速备份与恢复，从而有效避免数据丢失的风险。同时，云存储还支持跨终端访问，使教师、学生和家长能够随时随地通过电脑、手机等智能设备查看学生的电子档案袋，极大地提高了信息的可用性和便捷性。

（二）数据分析与可视化呈现技术

为了更深入地挖掘电子档案袋中的数据价值，学校应利用大数据与人工智能技术对学生进行综合素质的数据分析。利用数据分析与可视化呈现技术对学生的学习成绩、活动参与、社会实践等多方面信息的深入挖掘和分析，并生成全面、客观的学生发展报告。这些报告可以以图表、曲线等直观形式呈现出来，帮助教师、学生和家长更清晰地了解学生的发展状况和进步轨迹。

（三）在线评价与交流互动技术

电子档案袋不仅是学生信息的存储和展示平台，还应成为教师、学生和家长之间沟通交流的桥梁。因此，学校应建立在线评价与交流系统，支持多方主体对学生的表现进行即时评价和反馈。通过在线评价，教师可以及时了解学生的学习情况和问题所在，从而提供更有针对性的指导；学生和家长也可以随时查看评价信息，了解学生的进步和不足，共同参与学生的成长过程。

（四）个性化资源推送与智能推荐技术

为了满足学生的个性化发展需求，学校应根据学生的兴趣、特长和发展目标，利用智能推荐算法为学生推送个性化的学习资源、活动建议等。通过电子档案袋中的历史数据和用户行为分析，系统可以精准地判断学生的学习需求和偏好，从而为其推荐合适的学习资源和活动机会，这不仅有助于提升学生的学习积极性和效果，还能促进学生的全面发展和个性张扬。

四、电子档案袋的实施与保障

（一）系统培训与指导

为确保电子档案袋的有效实施，学校应对教师及家长进行系统且深入的培训。培训内容需涵盖电子档案袋的基本操作、评价标准和方法，以及如何利用档案袋数据进行学生发展的分析与指导。通过这样的培训，教师和家长能够充分熟悉并掌握电子档案袋的使用技巧，从而在日常教学和家庭教育中有效运用。

（二）政策支持与激励机制

学校应制定一系列政策（如设立奖励机制，对在电子档案袋建设中表现突出的教师和学生给予表彰和奖励），明确电子档案袋在义务教育评价体系中的重要地位。这些政策旨在鼓励教师和学生积极参与电子档案袋的建设与使用。同时，学校还需确保评价工作的公正性和客观性，以保障评价结果的准确性和可信度。

（三）定期评估、反馈与调整

为确保电子档案袋的持续优化和发展，学校应建立一套定期评估机制。该机制应包括对电子档案袋实施效果的定期检查和评估，以及根据评估结果进行必要的调整和优化。此外，学校还需建立有效的反馈渠道，收集教师、学生和家长的意见和建议，以便及时了解并解决电子档案袋在使用过程中遇到的问题。通过这样的方式，学校可以不断完善和优化电子档案袋评价体系，使其更好地服务于学生的全面发展。

（四）技术保障与数据安全

学校在实施电子档案袋时，还需重视技术保障和数据安全问题，应采用先进的技术手段确保电子档案袋系统的稳定运行，防止因技术故障导致的数据丢失或损坏。同时，学校还应制定严格的数据保护政策，确保学生个人信息的安全性和隐私性。

（五）多方参与与合作

电子档案袋的实施需要多方共同参与和合作。学校应与教育部门、家长、社区等建立紧密的合作关系，共同推进电子档案袋的实施与发展。此外，学校还可以积极寻求外部资源和支持，如与高校、研究机构等合作开展相关研究和实践探索，以不断提升电子档案袋的科学性和有效性。

第六章　校本评价策略概述

第一节　校本评价策略的概念

校本，指基于学校特定实际情况、需求和特点的教育活动或管理模式，其核心理念在于尊重和利用学校自身的独特性，通过发挥学校的自主权，结合资源、环境、文化，以及具体的办学目标和学生特点，制定适合自身发展的策略和方案。校本包括课程、培训、评价等多个方面，旨在提升教学质量，实现更有效的教育目标，促进学生的全面发展。

校本评价，指在具体学校内部开展的评价活动，是根据教育评价的分类原则和识别标准，立足于自身发展需求，运用教育评价的理论和技术方法，发挥教育评价的导向、激励、诊断、调控与改进功能，自行组织对学校发展规划执行情况和实施绩效进行价值判断，以利于改进和完善内部运行机制，提升学校组织与教师个体发展能力和发展水平，提高办学效能的评价活动。[1] 学生综合素质的校本评价是学校在正确教育教学思想和优质学生评价理念的引领下，在对学生需求与要求进行综合评价的基础上，将国家制定的制度化的综合素质评价标准与学校具体的教育教学目标相结

---

[1] 郑百伟. 学校教育评价的思考与实践［M］. 上海：上海教育出版社，2006：18.

合，构建出涵盖学校发展诉求及学生培养目标，且具有学校文化特色与独特个性的综合素质评价体系，并进行个性化、特色化、规范化的实施过程。[①]

校本评价策略，指进行校本评价的依据参考标准，涵盖了学校的核心价值观、办学理念、课程体系构建、教学方法创新、师资队伍建设、学生全面发展等多个维度。这些评价活动旨在精准识别学校发展中的优势与不足，为学校制定针对性的改进策略、优化资源配置、提升教育品质，提供坚实的数据支撑和理论依据。

第二节 校本评价策略在综合素质评价中的作用

校本评价作为一种全方位、多维度的评价方式，其内涵丰富，覆盖了思想品德、学业水平、身心健康、艺术素养、劳动与社会实践等多个领域，旨在全面、客观地反映学生的综合成长与进步。这种评价方式打破了传统单一学业成绩的局限，注重学生的全面发展与个性化成长，对于推动教育公平、实现个性化教育具有深远意义。

一、促进学生个性化发展

（一）量身定制评价方案

校本评价策略充分考虑学校和学生的独特性，通过精准定位学生的优势与潜能，设计个性化的评价方案，为学生搭建展示自我、发挥特长的平台。

（二）尊重个体差异与多样性

校本评价策略是灵活多变的，不仅关注学生的学业表现，更重视学生的兴趣爱好、特长及个性特点。学校应鼓励多样化的学习路径与成长方向，

---

① 刘建强. 高品质学校建设十二讲［M］. 长春：吉林大学出版社，2023：222.

促进学生的个性化发展。

二、提高评价的实效性与针对性

（一）适应性强的评价内容与方法

校本评价策略能够根据学校的实际情况和教育目标，灵活调整评价内容与方法，确保评价活动紧密贴合教学实际，提高评价的针对性和实效性。

（二）及时反馈与调整

校本评价策略能够通过快速且具体的评价反馈，帮助学生及时了解自己的学习状况与成长进步，引导学生及时调整学习策略，促进学生持续、稳定的进步。

三、增强参与意识与自主性

（一）多方参与的合作机制

校本评价策略需要教师、学生和家长共同参与，形成多方协同的评价机制，增强了评价的全面性和客观性，同时促进家校合作与沟通。

（二）激发自主学习与自我评价

校本评价策略能够鼓励学生进行自我评价与同伴互评，提升学生的自我认知能力和学习自主性，培养学生的批判性思维和自我反思能力。

四、支持学生全面发展

（一）多维度评估体系

校本评价策略对学生德智体美劳进行全面评估，能够确保学生的综合素质得到全面提升，避免单一评价带来的片面性。

（二）过程与结果并重

校本评价策略能够注重学生在学习过程中的表现与成长轨迹，结合终结性评价，全面、客观地反映学生的发展情况，为学生的全面发展提供有力支持。

五、推动教育质量与学校发展

（一）教学改进与创新

通过深入分析评价结果，教师可以及时调整教学方法和策略，优化教学内容，提高教学质量和效果，促进教学创新。

（二）学校整体办学水平的提升

根据综合素质评价的反馈，学校可以更加科学地规划教育发展路径，改进教育管理和资源配置，提升整体办学水平和教育质量。

校本评价策略在综合素质评价中发挥着至关重要的作用。它通过个性化、实效性和参与性的评价方法，不仅支持学生的全面发展，还推动教育质量的提升和学校的发展。这一策略不仅契合了新时代教育评价改革的核心要求，也为构建科学、公正、全面的评价体系提供了重要路径和有力支撑。

第三节 校本评价策略设计与实施

一、校本评价策略设计与实施的战略意义

随着《深化新时代教育评价改革总体方案》的深入实施，我国教育评价改革迎来了历史性机遇。该方案强调，必须构建以立德树人为根本任务的教育评价体系，坚决破除"唯分数、唯升学"的顽瘴痼疾，全面提升教育治理效能。

校本评价策略的设计和实施是解决综合素质评价"如何评价"问题的关键所在，对于促进学生个性化成长、提升综合素养具有不可替代的重要作用。通过科学、合理地设计与实施校本评价策略，不仅可以有效弥补国家课程与地方课程评价的不足，更能够紧密贴合学校实际情况，满足学生多元化、个性化的成长需求，为全面提升学生综合素质提供有力支撑。

二、校本评价策略设计与实施的原则

（一）以生为本原则

学生的成长与发展是评价工作的出发点和落脚点。在设计与实施校本评价策略时，应充分关注学生的个体差异，尊重学生的个性化发展需求，确保评价策略能够真实反映学生的进步与成长，有效促进学生的全面发展。同时，校本评价策略设计与实施应紧密围绕学生的实际需求展开，确保评价内容与学生发展紧密相连，评价目的明确指向学生的进步与发展。

（二）全面发展原则

校本评价策略应全面覆盖学生的德育、智育、体育、美育和劳动教育等各个领域，确保评价的全面性和多维度性。在设计与实施的过程中，应注重培养学生的综合素质，围绕"德行纯正、灵性充盈、个性舒展的具有社会适应性的活力学生"的培养目标，采用多元化的评价方式和方法，全面、客观地评价学生的发展状况。

（三）科学性原则

校本评价策略的设计与实施应基于科学的教育理念和评价方法。在选择评价工具和手段时，应注重其客观性、可靠性和有效性，确保评价结果能够真实、准确地反映学生的实际情况。同时，校本评价策略的设计与实施应体现多元化原则，包括评价主体、内容、方法以及标准的多元化，以确保评价的科学性和全面性。

（四）可操作性原则

在设计与实施校本评价策略时，应充分考虑其可操作性。校本评价策略应简单易行，便于教师和学生理解和执行。

（五）动态性原则

校本评价策略应具有一定的灵活性和适应性。随着教育目标、教育环境以及学生发展需求的变化，校本评价策略应能够及时进行更新和调整。特别是对于校本课程评价而言，应定期对学校课程执行情况进行评估，针对课程实施中的问题及时调整课程内容，改进教学管理方法，以确保评价的时效性和针对性。

（六）参与性原则

校本评价策略应鼓励教师、学生、家长以及社区等多元主体的共同参与，通过广泛征求意见和建议，增强评价的公正性和透明度。在设计与实施校本评价策略时，应积极邀请校长、教师、课程专家、学生和社区人士等共同参与，这样不仅有助于提升评价结果的客观性和公正性，还能有效促进学校与社区之间的沟通与合作。

三、校本评价策略的设计与实施路径

（一）需求调研与资源分析

在校本评价策略设计的初期阶段，评价者应运用科学的方法，如问卷调查、访谈、观察及数据分析等，深入调研学生的个性化需求和发展愿望，以及学校、社区和家长的评价期望。同时，评价者要全面分析学校及社区所拥有的各类评价资源，包括评价工具、评价人员、评价环境等。通过这一步骤，明确校本评价策略的战略方向，并确定评价的重点领域和关键指标，以确保校本评价策略既能满足学生全面发展的需求，又能确保评价标准具有科学性和合理性，能够真实反映学生的发展水平。

（二）团队建设与师资培养

学校应组建由多学科背景的教师、评价专家和学生代表组成的评价团队，以拓宽评价设计的视野和深度；对团队成员进行系统的培训，包括评价理论、评价方法、评价工具的使用等，以提升他们在评价设计与实施方面的专业能力。同时，鼓励团队成员之间的交流与协作，共同研讨评价设计中的关键问题，形成高效的工作氛围。

（三）评价内容与指标体系构建

根据前期确定的评价目标和战略方向，学校应精心构建评价内容与指标体系。评价内容应涵盖学生的德智体美劳全面发展，注重评价学生的创新精神、实践能力、团队协作能力等综合素质。在构建指标体系时，要注重指标的科学性、可操作性和可测量性，确保评价结果的准确性和可靠性。

（四）实施策略与评价方法选择

学校需制定详尽的评价实施计划，明确评价周期、评价流程、评价方法和评价工具等关键要素。在实施过程中，要采用多元化的评价方法，包括形成性评价、总结性评价、表现性评价、同伴评价、自我评价等多种形式，以全面、客观地反映学生的综合素质和学习成果。同时，要注重评价结果的反馈与利用，及时调整教学策略和评价方法，以满足学生的学习需求和提高教学质量。

（五）动态调整与持续优化

校本评价策略的设计与实施是一个持续不断的过程。在实施过程中，学校要及时收集并分析师生、家长和社会的反馈意见，了解评价策略的实施效果及存在的问题。根据实际情况，对评价策略进行动态调整，包括评价内容的更新、评价方法的改进等。同时，要关注教育领域的新动态和新技术，不断优化评价策略，以确保校本评价策略始终保持与时俱进的状态，为学生的全面发展提供有力支持。

第四节 校本评价策略的融合

一、校本评价策略与新时代教育评价改革的深度融合

校本评价策略不仅是学校教育质量保障体系的重要组成部分，更应被视为新时代教育评价改革的关键实践平台。通过深度融合综合素质评价的理念与方法，校本评价策略能够更有效地评估学生的全面发展状态，进而引导学生形成正确的价值观和学习观。这一融合不仅对学生的全面发展有着深远影响，同时也促进了教师专业素养的持续提升和办学特色的形成。

在新时代的背景下，立德树人成为教育的根本任务。校本评价策略作为实现这一任务的具体实践，旨在促进学生的全面和个性化发展。通过将新时代的教育评价理念融入校本评价策略，学校可以更加精确地把握学生的成长轨迹，为学生提供更为个性化的教育服务。同时，校本评价策略的实施也有助于推动学校教育教学改革和创新发展。

为了实现校本评价策略与新时代教育评价改革的深度融合，学校需要在新课程与新评价的双重驱动下，积极探索创新的校本评价策略路径，这包括但不限于评价内容的拓展与深化、评价方法的创新与多元化、评价主体的多元化与协同化等方面。通过这些创新实践，学校不仅能够更好地满足学生的学习需求和发展愿望，还能有效推动我国基础教育评价体系的不断完善与创新发展。

此外，这一融合的实施也对教师提出了更高的要求。教师需要不断更新教育观念，提升专业素养和评价能力，以适应新时代教育评价改革的需求。同时，学校也应为教师提供相应的培训和支持，确保他们能够在校本评价策略的设计与实施中发挥出最大的作用。

二、校本评价策略与学校发展目标的融合

在新时代背景下，随着教育改革的不断深化，实现校本评价策略与学

校发展目标的深度融合,已成为提升教育质量、推动学校可持续发展的关键举措。这一融合旨在构建一种全面、科学、高效的评价体系,以更好地服务于学校的整体教育目标、学生的全面发展,培育学校特色。

(一)校本评价策略与学校发展目标融合的必要性

校本评价策略与学校发展目标的融合,其核心价值在于将评价活动与学校的教育理念和长远发展目标紧密相连,确保评价工作不仅关注学生的学业成绩,更重视学生综合素质的全面提升和学校整体教育质量的持续改进;确保有效支撑和体现学校的办学宗旨,助力教育目标的实现。

(二)融合的实施路径

1. 明确与细化发展目标

学校应明确自身的长远愿景和核心使命,基于此制定具体、可衡量的发展目标。这些目标应覆盖教育教学、学生发展、师资队伍、学校管理等多个关键领域,为校本评价策略的制定提供清晰的导向。

2. 制定针对性的评价策略

根据学校的发展目标和实际情况,评价者应设计具有针对性和可操作性的校本评价策略。这些策略应能够全面、准确地反映学校的发展状况,为学校的持续改进提供数据支持。

(三)实施与优化评价策略

评价者应将校本评价策略付诸实践,通过定期的评估和反馈机制,不断调整和完善评价策略。同时,评价者应确保评价过程的客观性和公正性,使评价结果能够真实反映学校的发展水平。

(四)强化结果运用与反馈机制

评价者应对校本评价的结果与学校的发展目标进行深入对比分析,识别存在的差距和不足,及时调整学校的发展战略和具体措施,同时将评价结果反馈给教师和学生，激励他们持续改进和提升。

校本评价策略与学校发展目标的深度融合，是新时代教育改革背景下的必然要求。通过明确发展目标、制定针对性评价策略、实施并优化评价过程，以及强化结果运用与反馈，可以构建一个全面、科学、高效的评价体系，为学校的可持续发展和学生的全面发展提供有力保障。

三、校本评价策略与办学特色的融合

校本评价策略与办学特色是相互促进、相辅相成的。一个富有特色和创新的校本评价策略不仅能够提升学生的综合素质，还能够彰显学校的独特魅力，进一步提升学校的知名度和影响力。校本评价策略与办学特色的融合的实施路径如下：

（一）明确办学特色定位，引领评价策略方向

学校应先确立自身的办学特色定位，这一定位可以基于学校的历史传承、地域文化、教育理念或资源优势等因素。在明确了办学特色之后，学校应以之为导向，引领校本评价策略的设计与实施方向。评价内容、方法和指标应与办学特色紧密相连，确保评价策略设计与学校品牌形象相契合，从而加强学校的核心竞争力。

（二）挖掘本土文化资源，丰富评价内容内涵

学校应深入挖掘本土文化资源，包括地方历史、民俗风情、自然风光等，将这些元素融入校本评价策略的设计中，以丰富评价内容的文化内涵。这样不仅能够增强学生的地域认同感和文化自信，还能够促进学生文化素养和人文精神的提升。同时，这也有助于形成具有地方特色的校本评价策略，提升学校的办学品质。

（三）创新评价方法，凸显学校教学特色

在校本评价策略的实施过程中，学校应鼓励教师采用创新的评价方法

和技术手段,如大数据分析、人工智能辅助评价等,以凸显学校的教学特色。这些创新的评价方法有助于更准确地评估学生的综合素质和学习成果,同时也能够为教师提供更加全面和客观的教学反馈。通过创新评价方法,学校可以进一步提升教学评价的科学性和有效性,推动教学质量的持续提升。

(四)鼓励师生共同参与,形成特色评价文化

在校本评价策略的设计与实施过程中,学校应鼓励师生共同参与评价活动的形成性评价过程,形成具有特色的评价文化。通过师生的共同努力和创造,可以使校本评价策略更加符合学生的实际需求和教学实际,同时展现教师的专业素养和教学风格。这种特色的评价文化将成为办学特色的重要组成部分之一,进一步提升学校的整体教育质量和办学水平。

第七章 综合素质评价的校本实践案例调查

为了深入探究经济发达地区与欠发达地区在义务教育学生综合素质评价实施上的差异性与共通性，本书依据2021年3月由教育部等六部门联合发布的《义务教育质量评价指南》、新课程标准的要求，以及新型评价技术的实际应用状况，对广东省内经济发达区域与欠发达区域的部分小学与初中综合素质评价体系开展了调研。

通过综合运用问卷调查、深度访谈与实地考察等方法，全面审视义务教育学生综合素质评价的实施目的、内容、方法、技术应用及实施效果，并在此基础上进行了详尽的深度分析。

第一节 问卷调查

一、调查形式

（1）借助问卷星平台，根据项目研究需要开展在线问卷调查。（问卷调查设计见附录。）

（2）选取广东省小学校长、初中校长各50人，进行访谈，了解学生综合素质评价手册的基本内容、使用情况及遇到的问题。

（3）走访广州市、东莞市、揭阳市普通初中和普通小学的现场，实地考察综合素质评价的基本情况，获取了具有代表性的小学和初中的办学目标、培养目标、校本课程，以及学生综合素质评价手册等资料，通过访谈了解本校综合素质评价的情况。

二、调查情况

根据《义务教育学生综合素质评价的校本策略研究实施方案》部署，课题组于2022年8月—12月就义务教育学生综合素质评价的校本策略这一问题进行了问卷调查，问卷调查以匿名方式进行。问卷内容包括基本信息、评价内容、评价方法、评价技术、学校资源、师生与家长参与度、评价结果的使用、面临的挑战、改进的意见等；调查对象包括校长、教师、学生和家长，其中教师问卷3 048份，学生问卷23 028份，学生家长问卷3 050份；涵盖60所初中、90所小学，分布于广东省内10个地级市，有经济发达地区的学校，也有经济欠发达地区的学校，具有较好的代表性。

三、调查结果

课题组在整理问卷调查过程中，主要摘取答卷者所选择的答案相对集中的问题进行分析，以更加有效地分析研究所需要的结果。

（一）校长问卷调查

1. 小学校长

通过对92所小学校长的问卷调查发现，小学校长对学校的硬件设施的满意率为45%；认为学校的网络环境存在一定不足，影响部分评价活动的占75%；对《义务教育质量评价指南》及学生综合素质评价政策比较了解，并部分实施的占62%；认为校长有必要参加关于学生综合素质评价及校本评价策略培训的占100%；认为当前学校在实施学生综合素质评价时主要面临过度依赖考试成绩，忽视综合素质问题的占100%；认为学校在教育技术应用于学生综合素质评价有一定作用，但效果一般的占90%；认为学校较少利用外部教育资源（如网络课程、专家讲座、校际合作等）支持学生综合素质评价的占92%；认为家长在学生综合素质评价中参与较少，主要依赖学校内部评价的占70%；认为社会（包括社区、企业、非营利组织等）对学生综合素质评价的支持较少，主要依赖政府投入的占100%；认为学校运用学生综合素质评价结果来改进教育教学工作，但改进不明显的占80%；认为学生综合素质评价结果的反馈机制不够健全，反馈不及时或不准确的占73%；认为本校教师积极参与学生综合素质评价工作的占100%；认为学校有大力鼓励教师参与评价体系的改进工作的占100%；认为教师在实施学生综合素质评价时面临缺乏评价理论知识和技能的占100%，同时认为造成这一现象的原因是由工作压力大，时间有限导致的；认为学校在学生综合素质评价（包括品德发展、学业发展、身心发展、艺术素养、社会实践等）方面部分实施，仍需完善的占92%；认为目前学生综合素质评价中存在的主要问题是缺乏校本化的评价策略的占100%；认为学校尚未制定较为完善的校本化的学生综合素质评价策略的占90%；认为学校在制定和实施校本化学生综合素质评价策略时面临诸多问题的占100%，但仍希望评价要因地制宜的占100%。

由上述信息可以看出，小学校长对硬件设施的满意度较低，且面临网络环境不佳的问题；虽然对评价政策有一定的了解，但实施中同样存在过度依赖考试成绩的情况；在利用外部教育资源和提升教师评价能力方面面临更大的挑战。此外，他们希望评价能更加符合学校实际情况，并期待家长和社会能给予更多的支持。

2. 初中校长

通过对60所初中校长的问卷调查发现，初中校长对学校的硬件设施的满意率为60%；认为学校的网络环境存在一定不足，影响部分评价活动的占75%；对《义务教育质量评价指南》及学生综合素质评价政策比较了解，并部分实施的占73%；认为校长有必要参加关于学生综合素质评价及校本评价策略培训的占100%；认为当前学校在实施学生综合素质评价时主要面临过度依赖考试成绩，忽视综合素质问题的占100%；认为学校在教育技术应用于学生综合素质评价有一定作用，但效果一般的占90%；认为学校较少利用外部教育资源（如网络课程、专家讲座、校际合作等）支持学生综合素质评价的占88%；认为家长在学生综合素质评价中参与较少，主要依赖学校内部评价的占90%；认为社会（包括社区、企业、非营利组织等）对学生综合素质评价的支持较少，主要依赖政府投入的占100%；认为学校运用学生综合素质评价结果来改进教育教学工作，但改进不明显的占80%；认为学生综合素质评价结果的反馈机制不够健全，反馈不及时或不准确的占83%；认为本校教师积极参与学生综合素质评价工作的占100%；学校有大力的鼓励教师参与评价体系的改进工作的占100%；认为教师在实施学生综合素质评价时面临缺乏评价理论知识和技能占100%，同时认为造成这一现象的原因是由工作压力大，时间有限导致的；认为学校在学生综合素质评价（包括品德发展、学业发展、身心发展、艺术素养、社会实践等）方面部分实施，仍需完善的占100%；认为目前学生综合素质评价中存在的主要问题是缺乏校本化的评价策略的占100%；认为学校尚未制定较为完善的校本化的学生综合素质评价策略的占90%；认为学校在制定和实施校本化学生综合素质评价策略时面临诸多问题的占100%，但仍希望评价要因地制宜的占100%。

由上述信息可以看出，初中校长对硬件设施满意度不高，网络环境存在不足，这可能会影响学生综合素质评价的顺利进行。虽然大部分校长对评价政策有所了解并部分实施，但他们在实施过程中面临过度依赖考试成绩，忽视学生的综合素质发展的问题。此外，校长们普遍认为需要参加相关培训以提升评价能力，并希望评价能更加因地制宜。学校在教育技术应用和外部教育资源利用方面还有很大的提升空间，同时家长和社会的参与度也需加强。

（二）教师问卷调查

通过对3 048名教师的问卷调查发现，参与调查的教师（涵盖了小学、初中所有学科，既有刚毕业的教师，也有超过20年教龄的教师）对《义务教育质量评价指南》及其在本校实施情况比较了解，并有一定实践的占50%；有参加《义务教育质量评价指南》的学习及校本评价的培训，但参加的次数极少的占78%；参加过学生综合素质评价，但只是参与与其教学相关的一部分的占90%；认为当前学校在教育质量评价中最需要改进的地方是理论学习、方法与技术的掌握的占92%；在教学过程中使用教育技术（如多媒体教学、在线学习平台等）的频率比较高的占80%；认为在评价学生时，评价工具和资源（包括校本评价工具）不足，影响评价的效果的占83%；部分实施学生综合素质评价（包括品德发展、学业发展、身心发展、艺术素养、社会实践等），但需加强的占89%；认为学生综合素质评价面临的主要挑战是缺乏有效的评价工具和资源（课程、活动）的占85%；认为家长参与班级学生的教育质量评价的积极性较高，但参与度有限的占90%；认为家长参与教育质量评价对提升教育教学质量非常重要，能显著提高教学质量的占98%；认为学校提供的专业发展和评价能力提升的支持（包括校本培训）有所欠缺，影响个人成长的占80%；希望学校提供个性化的职业发展规划和更多校本评价资源和工具的占79%；经常运用评价结果来改进自己的教学工作的占95%；认为学生综合素质评价结果反馈机制不够健全，反馈不及时或不准确的占80%；经常鼓励学生进行自评和互评的占100%；认为学生自评和互评在学生综合素质评价中的作用非常重要，能增强学生自我认知的占100%。教师们认为当前义务教育学校教育质量评价工作及校本评价策略应以校为本，做到办学目标、培养目标、校本课程建设与学生综合素质评价内容相匹配、相互促进，这样才能全面检验学生的综合素质是否体现培养目标，办出学校特色。

　　由上述信息可以看出，教师们对评价政策的了解程度和实践经验有待提高，虽然他们普遍参加了学生综合素质评价工作，但仍需加强在某些方面的实施。教师们认为当前最需要改进的是评价相关的理论学习、方法与技术的掌握。同时，他们希望学校能提供更多的专业发展和评价能力提升的支持，以及个性化的职业发展规划。此外，教师们还指出了评价工具和资源不足、家长参与度有限等问题。

(三) 学生问卷调查

通过对 23 028 名小学和初中学生的问卷调查（1 663 多份问卷回答不完全）发现，学生对综合素质评价内容和方式较为了解，但细节不够清晰的占 87%；认为学校的评价方式较为公平、公正的占 98%；在综合素质评价过程中很少参与，主要倾听老师评价的占 78%；希望学校能在评价中增加个性化的评价项目，让每个同学都能做最好的自己的占 62%；在教学资源与评价工具的使用方面，较少利用教育技术开展学习和评价的占 93%；认为学校在评价自己的全面发展（包括品德、学业、身心、艺术、社会实践等方面）时，偏重学业，其他方面关注不够的占 90%；在综合素质评价中，遇到的主要挑战是一方面担心在某些领域表现不佳影响评价，另一方面是学校缺少展示个人特长的平台的占 93%；认为家长很少参与学校对自己的评价，学习结果主要依赖学校评价的占 98%；认为家长参与对自己的学习评价非常有帮助，能得到更多鼓励和支持的占 84%；认为学校鼓励自己进行自我评价和同伴互评的占 78%；认为自我评价和同伴互评在评价体系中有一定作用，但需要加强指导和培训的占 84%。学生认为学校多开展一些活动、多举办一些比赛，能使自己得到更全面的发展。

由上述信息可以看出，学生对综合素质评价的内容和方式有一定的了解，但他们希望评价能更加个性化，以便更好地展示自己的特长。学生认为学校在评价过程中偏重学业成绩，忽视了其他方面的发展，他们期待学校能利用更多的教育技术开展学习和评价，并提供更多展示个人特长的平台。同时，学生也希望家长能更多地参与到对自己的评价中来。

(四) 家长问卷调查

通过对 3 050 名家长的问卷调查发现，家长认为学校的硬件设施（如教学楼、实验室、图书馆、体育设施等）基本满足孩子的学习需求的占 60%；对孩子所在学校的网络环境（包括网络速度、信息化教学设备的使用、网络安全等）基本满意的占82%；听说过《义务教育质量评价指南》，但不了解具体内容的占78%；不太愿意参与学校对孩子的教育质量评价，更倾向于依赖学校评价的占81%；认为学校在教育质量评价中最需要改进的地方是减少对单一考试成绩的依赖、更加注重孩子的全面发展、评价结果应及时反馈给家长的占90%；不太了解学校使用教育技术（如多媒体教学、在线学习平台等）的情况的占97%；不太清楚学校如何利用外部教育资源（如网络课程、专家讲座等）的占65%；参与学生综合素质的评价较少，主要依赖学校评价的占80%；不太清楚社会对学校教育的支持力度的占81%；不太了解学校如何运用教育质量评价结果来改进教育教学工作的占62%；对评价结果反馈机制不太满意，如反馈不及时或不准确的占66%；对孩子所在学校在学生综合素质评价（包括品德、学业、身心、艺术、社会实践等）方面的实施情况一般满意，主要关注学业成绩的占64%；认为当前学生综合素质评价中存在的主要问题是评价标准不明确、评价结果应用不足的占87%；对教师参与学校教育质量评价工作的看法非常积极，认为这有助于提升教学质量的占100%；认为学校在支持教师专业发展和评价能力提升方面做得很好，提供多样培训机会的占79%。家长对当前义务教育学校教育质量评价工作比较集中的建议是高考的指挥棒不变，学生综合素质评价的作用微乎其微，需要提高高考、中考的多样性和灵活性，用多一把尺子量出更多的人才，让每一个孩子的潜能都得到激发，为美好生活奠定基础。

  由上述信息可以看出，家长对学校的硬件设施和网络环境基本满意，但对《义务教育质量评价指南》的具体内容了解不多。他们更倾向于依赖学校对孩子的教育质量进行评价，并认为学校在教育质量评价中最需要改进的是减少对单一考试成绩的依赖、更加注重孩子的全面发展以及及时反馈评价结果。此外，家长还希望学校能更多地利用外部教育资源支持孩子的学习和发展，并加强与社会各界的合作与交流。

  总的来看，当前义务教育学生综合素质评价工作取得了一定的进展，但仍存在诸多问题和挑战。硬件设施和网络环境的不足、过度依赖考试成绩、评价工具和资源的匮乏、家长和社会参与度的有限等都是需要重点关注和解决的问题。为了全面提升学生的综合素质和发展潜能，各方应共同努力，加强合作与交流，不断完善评价体系和策略，确保评价工作的科学性、有效性和公正性；同时，还应积极探索个性化的评价方式和方法，以满足不同学生的多样化需求和发展目标。

第二节 深度访谈

一、访谈问题

（1）作为校长，您认为应该如何做好本校学生综合素质评价的设计与落实工作，如何运用现代信息技术做好学生综合素质的评价？

（2）作为学校的中层干部，您认为应该如何做好本校学生综合素质评价的设计与落实工作？在信息技术与学生综合素质融合方面遇到什么问题，希望得到如何解决？

（3）作为班主任，您认为应该如何做好本班学生综合素质评价的设计与落实工作，如何应用信息技术对学生综合素质开展评价？

（4）作为普通教师，您认为应该如何做好本学科学生综合素质评价的设计与落实工作，如何应用信息技术对学生综合素质开展评价？

（5）作为学生，您认为应该如何做好自己和同伴综合素质的评价？

（6）作为家长，您认为应该如何做好自己孩子综合素质的评价，认为分数和能力的关系是怎样的？

二、课题组建议

（一）学校应确立综合评价导向，推动全面发展

学校需根据国家党的教育方针、新课程标准和学校办学理念，构建完

善的综合素质评价体系。该体系应涵盖知识技能、道德品质、身心健康、审美情趣、实践创新等关键领域，确保学生全面发展。组建专业评价团队，研发科学、可操作的评价工具，以及加强教师培训，提升评价的一致性与公正性。同时，定期反馈评价结果，以数据驱动教育教学的持续改进，从而引领学校走向更高质量的教育发展之路。

在运用信息技术方面，一是学校要构建全面的数据采集体系，借助现代信息技术，如智能终端、可穿戴设备、智慧教育平台等，构建全面的数据采集体系。这些数据可以包括学生的学业成绩、课堂表现、社会实践、艺术素养、身心健康等多个方面。通过伴随式数据采集，实时记录学生的成长过程，为后续的评价提供丰富、真实的数据支持。二是利用大数据和人工智能技术进行分析，将采集到的数据需要通过大数据和人工智能技术进行深入分析。学校可以利用这些数据，建立综合素质评价模型，对学生的各方面能力进行量化评估。同时，通过数据挖掘和关联分析，发现学生学习和发展中的规律和特点，为个性化教育提供科学依据。三是建立可视化的评价反馈系统，学校应建立可视化的评价反馈系统，将评价结果以直观、易懂的方式呈现给学生、家长和教师。这样不仅可以增强评价结果的透明度和公信力，还能帮助学生更好地了解自己的优势和不足，制定针对性的提升计划。四是注重保护学生隐私和数据安全，在运用现代信息技术进行综合素质评价的过程中，学校必须高度重视学生隐私和数据安全。应采取严格的数据加密、签名、隐私管理等安全措施，确保数据的完整性、真实性和安全性。同时，加强对相关人员的培训和管理，防止数据泄露和滥用。

（二）中层干部应协调落实评价方案，优化实施过程

中层干部在综合素质评价中扮演着承上启下的重要角色。他们需积极参与评价体系的制定，确保其与学校整体规划紧密衔接；通过组织跨学科团队讨论，共同完善评价标准和方法。在评价实施过程中，中层干部应发挥监督和指导作用，确保教师执行评价工作的公正性和透明性；同时，积极收集师生反馈，不断优化评价体系，以适应学校发展和学生成长的需求。

在运用信息技术手段介入综合素质评价时，首先，中层干部应协助构建或优化一个集成的信息技术平台，以便高效地收集、整合和分析综合素质评价数据。其次，中层干部应制定一套科学、量化的评价体系，确保评价的全面性和客观性；同时，对教师和管理人员进行信息技术及评价体系的专项培训，提升其专业能力。最后，中层干部应利用信息技术手段，引入多元化评价方式，并建立有效的反馈与改进机制，以确保评价过程的持续优化。

（三）班主任应深入了解学生，实施个性化评价

班主任作为学生成长的重要引导者，应深入了解每个学生的特点、需求和潜力。在此基础上，班主任制定个性化的评价方案，关注学生的全面发展。在评价过程中，班主任应注重学生的自我评价和同伴评价，鼓励学生积极参与评价过程，提升他们的自主意识和团队协作能力；同时，与家长保持密切沟通，共同关注学生的成长进步，形成家校共育的良好氛围。

在应用信息技术做好综合素质评价工作时，班主任首先应做好数据收集，应充分利用信息技术手段，如学生信息管理系统、在线教育平台等，全面收集学生的学习成绩、课堂表现、活动参与、社会实践等各方面的数据。这些数据能够反映学生在德智体美劳等多个领域的发展情况，为综合素质评价提供丰富的信息基础。其次，班主任需要做好数据的记录工作。可以利用电子表格、数据库等工具，将收集到的数据分门别类进行整理，确保数据的准确性和完整性。同时，班主任还应定期更新数据，以反映学生最新的发展情况。再次是班主任需要运用专业的数据处理软件或工具，对收集到的数据进行筛选、去重、纠错等处理，以消除异常值和噪声数据，提高数据的质量和可用性。通过数据清洗，可以确保后续分析结果的准确性和可靠性。接着，班主任可以利用统计分析、数据挖掘等技术手段，对清洗后的数据进行深入剖析，发现学生发展的规律和特点。例如，可以通过对比学生不同时间段的数据变化，分析学生的进步趋势和潜在问题；还可以通过关联分析，探究不同素质指标之间的内在联系和影响机制。最后，

班主任需要合理运用数据分析结果，为综合素质评价提供科学依据。可以将数据分析结果与学生自评、互评以及教师评价相结合，形成全面、客观的评价报告。同时，班主任还应根据评价结果，为学生提供个性化的指导建议和发展规划，帮助学生更好地认识自我、提升自我。通过信息技术的有效运用，班主任可以更加高效、准确地完成综合素质评价工作，促进学生的全面发展。

（四）教师应融入学科特色，科学开展评价

教师在综合素质评价中承担着重要职责。他们应关注学科内学生综合素质的发展，设计符合学科特点的评价工具和活动，通过将评价环节融入日常教学，鼓励学生进行自我反思和同伴互助，从而激发学生的学习兴趣和潜能。同时，教师应收集并利用评价数据来指导教学和学生学习，与同事分享评价经验，共同提高评价质量和教学效果。

在应用信息技术开展对综合素质评价过程中，一是教师需要深入理解"义务教育评价指南综合素质质量"的要求，明确评价的目标和内容，这包括道德品质、公民素养、学习水平、交流与合作、运动与健康、审美与表现等六个基本方面。在每个方面下，还应进一步细化具体的评价指标，以便更全面地反映学生的综合素质。二是根据评价目标和内容，教师应选择合适的信息技术工具来支持评价工作。例如，可以利用电子表格来记录学生的日常表现和学习成果，使用在线问卷来收集学生、家长和其他教师的反馈信息，借助数据分析软件来对学生的综合素质进行量化分析等。三是运用信息技术，教师可以更方便地收集和整理评价数据，这包括学生的学习成绩、课堂参与情况、社会实践表现、艺术作品展示等各方面的信息。通过数据的积累和对比，教师可以更客观地了解学生的学习进步和综合素质发展情况。四是进行个性化与多样化的评价，教师可以根据学生的兴趣、能力和特长，设置个性化的评价指标和标准；同时，还可以利用信息技术丰富评价方式和内容，如组织学生进行在线讨论、协作学习等活动，通过多媒体作品展示来评价学生的审美与表现能力等。五是教师可以通过网络

平台或移动应用，及时将评价结果反馈给学生和家长，以便他们了解学生的学习状况和综合素质发展情况；同时，还可以根据评价结果，为学生提供针对性的学习建议和发展指导。六是教师还需要特别注意数据安全和隐私保护问题，应确保收集和评价过程中涉及的学生个人信息得到妥善保护，避免数据泄露和滥用的情况发生。

（五）学生应积极参与评价，实现自我成长

学生是综合素质评价的主体。他们应积极参与自我评价和同伴评价，诚实反映自己的学习和行为表现。在评价过程中，学生应学会提出建设性的意见和建议，以促进个人和团队的共同进步；同时，应学会从评价中汲取经验教训，进行自我调整和提升，从而培养自主学习和终身发展的能力。

（六）家长应关注孩子全面发展，共促家校合作

家长在孩子的成长过程中扮演着不可替代的角色。他们应关注孩子的全面发展而非仅关注学业成绩，积极参与学校组织的评价活动和家长会等讨论与分享活动；通过提供客观、全面的评价信息与教师共同探讨孩子的成长路径和支持策略；同时，尊重孩子的个性和兴趣，鼓励孩子进行自我管理和自我评价，培养孩子的自觉性和自主性。家长与学校的紧密合作将为孩子的全面发展提供有力保障。

考试分数与个人能力的关系是一个复杂且多维度的话题。在义务教育阶段，考试分数通常被视为衡量学生学习成果和知识水平的重要指标，而个人能力则涉及更广泛的范畴，包括思维能力、创新能力、沟通能力、团队合作能力等多个方面。考试分数确实能够在一定程度上反映学生的知识掌握情况和学术能力。通过考试，教师可以了解学生在特定学科领域的学习成效，从而针对性地提供指导和帮助。同时，高分也往往意味着学生在该领域具备较好的理解、记忆和应用能力。然而，考试分数并非衡量个人能力的唯一标准，甚至在某些情况下可能无法全面反映学生的真实能力，这是因为考试分数有上限，个人能力没有上限。考试通常侧重于对知识点

的考查，而忽略了学生的其他重要能力，如创新思维、解决问题的能力以及情感态度等。此外，考试形式和内容的局限性也可能导致一些具备特殊才能或潜力的学生无法在分数上得到充分体现。因此，在评价学生的综合素质时，学校需要采用更加全面和多元化的方法。除了考试分数外，还应关注学生的课堂表现、作业质量、实践活动参与度以及同伴评价等多个方面，这样不仅能更准确地评估学生的综合能力，还有助于发现和培养学生的个性化优势和潜能。

第三节　小学综合素质评价案例实地考察

在对小学综合素质评价进行具体研究过程中，课题组充分考虑经济环境对综合素质评价体系构建的影响，系统对比并分析了发达地区与欠发达地区在资源配置、评价标准设定、评价方法执行等方面的相似点与差异点；特别选取经济发达地区的东莞市 W 小学、广州市番禺区 P 小学，以及经济欠发达地区的揭阳市 L 小学作为具体的研究案例，深入剖析这些学校的教育理念、办学目标、评价内容等与综合素质评价紧密相关的要素，并针对各校的校本评价实践提出具体的改进建议，以期构建更加全面、完善的评价内容与方法体系，推动综合素质评价向多元化、个性化方向发展。

本书最终期望能够构建出一个更为全面、科学、可行的学生综合素质评价体系框架，促进不同地区、不同教育阶段之间的经验交流与资源共享，携手推动我国义务教育学生综合素质的全面提升。

一、东莞 W 小学的综合素质评价策略

（一）理念与目标

教育理念：幸福教育。
办学目标：办一所顺性扬长、成就每一个孩子生命价值的学校。
培养目标：培养心智自由，具有家国情怀的现代公民。

（二）课程体系

东莞 W 小学课程体系如图 7-1 所示。

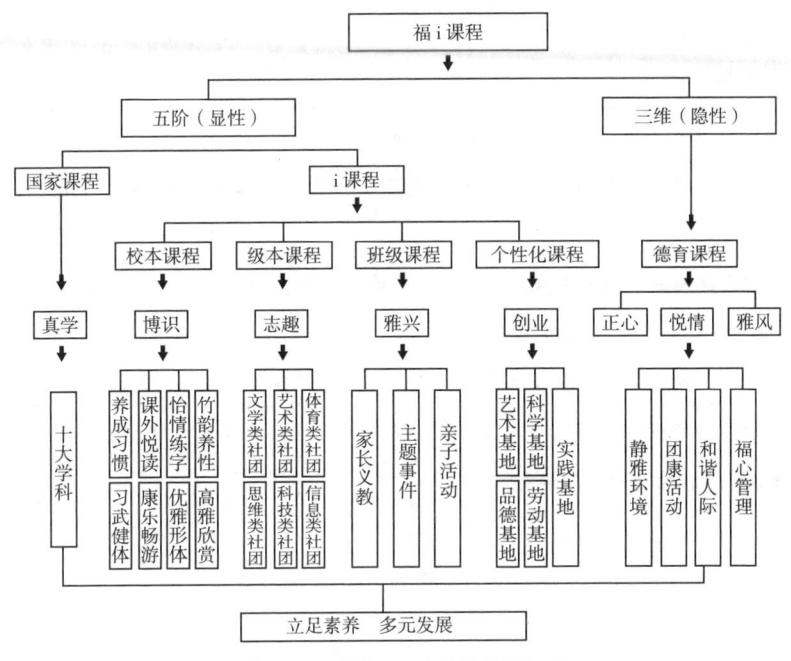

```
                        福i课程
                ┌─────────┴─────────┐
           五阶（显性）          三维（隐性）
        ┌──────┴──────┐              │
     国家课程       i课程          德育课程
        │     ┌────┬────┬────┬────┐  ┌────┬────┬────┐
        │   校本  级本  班级  个性化      正心  悦情  雅风
        │   课程  课程  课程  课程
       真学  博识  志趣  雅兴  创业    正心  悦情  雅风
        │    │    │    │    │       │    │    │
      十大  养成习惯  文学类社团  家长义教  艺术基地  静雅环境  团康活动  福心管理
      大学科 课外悦读  艺术类社团  主题事件  科学基地  和谐人际
            怡情练字  体育类社团  亲子活动  实践基地
            竹韵养性  思维类社团         劳动基地
            康乐畅游  科技类社团         品德基地
            优雅欣赏  信息类社团
            习武健体
                    │
            立足素养  多元发展
```

图 7-1　东莞 W 小学课程体系

（三）综合素质评价内容

学生基本情况见表 7-1。

表 7-1　东莞 W 小学学生基本情况

姓名			
性别		民族	照片
出生	年　月　日		
学号			
籍贯	省　　　市　　　县（区）		
住址			
家长姓名	工作单位		联系电话

续表

入学时间	年	月	日
休学转学情况记录			

注：1. 身体素质状况显示原始体检数据。

2. 心理素质、品德行为、实践能力中的各个项目，采用优秀、良好、较好、较差等的评估记载。

3. 学习课程成绩采用A、B、C、D四个等第评价记载。A为≥90分；B为70分～＜90分；C为60分～＜70分；D为＜60分。

4. 学习兴趣、爱好和特长及竞赛获奖情况等，记载实际情况。

5. 对学生评价要采用自评与互评相结合，师生共评与家长参评相结合，平时考查与阶段性评估相结合的办法进行。

评价内容见表7-2。

表7-2 东莞W小学评价内容

	项目		学期		项目	学期	
			一	二		一	二
身体素质状况	身高/cm				体重/kg		
	视力	左			胸围/cm		
		右			肺活量		
	体育成绩	理论技能			血色素		
					龋齿		
		达标情况			保健知识		
					卫生习惯		
					两操		
	竞赛情况						
	患病情况						

续表

项目		第一学期	第二学期
心理素质状况	情绪饱满，活泼愉快		
	把学习当作需要，爱学习，爱思考		
	有自信心		
	面对挫折、失误不灰心，善始善终		
	愿交往、肯谦让，能和他人融洽相处		
	能看到同学的优点、成功，不嫉妒		
	有自制能力，能管束自己的言行		
	有了错误，敢于承认，敢于改正		
	积极向上，努力争取取得成功和进步		
	不怕困难，能战胜和克服困难		

项目		第一学期	第二学期
品德行为情况	爱家乡，爱祖国		
	尊敬师长、孝敬父母		
	爱学习、爱劳动，有良好的作息习惯		
	关心集体、友爱同学、乐于帮助别人		
	礼貌待人，言行文明		
	诚实、不说谎、拾物交公		
	生活俭朴、不挑吃穿、不乱花钱		
	劳动中认真负责，不怕脏、不怕累		
	遵守纪律、遵守公共秩序和法规		
	能初步分清是非		

学科课程成绩							
	科目	第一学期			科目	第二学期		
		平时	期末	总评		平时	期末	总评
文化素养	语文				语文			
	数学				数学			
	英语				英语			
	科学				科学			
	音乐				音乐			
	美术				美术			
	体育				体育			
	道法				道法			
	信息技术				信息技术			
	学习习惯				学习习惯			
	兴趣小组				爱好与特长			
	竞赛获奖情况							

续表

	项目	第一学期	第二学期
实践能力状况	认真独立完成学习任务，讲求学习方法		
	勤于思考，有良好的思维能力		
	主动学习课外知识性书籍		
	爱观察，善于动手做科技小制作		
	善于与同学交往，为集体做事		
	自己能做的事自己做，做事有条理		
	会力所能及的劳动，讲求效率		
	爱清洁，讲卫生，养成良好的卫生习惯		
	在社会实践中，肯动脑不胆怯、善交际		
	喜欢观察大自然，观赏文艺作品，参加文艺活动		
特别表现情况	第一学期		第二学期
评优情况			
其他	本学期，上课（　）天，实到（　）天，病假（　）天，事假（　）天，迟到（　）天，旷课（　）天		本学期，上课（　）天，实到（　）天，病假（　）天，事假（　）天，迟到（　）天，旷课（　）天
教师评语			
学生的话			
家长意见			
附言	下学期于（）月（）日开学，（）月（）日报到。		下学期于（）月（）日开学，（）月（）日报到。

（四）评价分析

1. 评价内容的全面性与深度整合

东莞市 W 小学的综合素质评价全面覆盖德智体美劳领域，契合了《义务教育质量评价指南》的核心要求，为更科学全面地深化评价体系，建议进一步优化。

（1）在现有指标基础上，引入体质健康综合评分，结合体育活动参与度、表现数据，利用大数据分析，全面评估学生身体活力与运动习惯。

第七章　综合素质评价的校本实践案例调查

（2）基于人本主义教育理论，强化情绪管理和自我调节能力的培养；通过情境模拟、心理剧等多维度评价方法，利用虚拟现实技术，评估学生心理韧性与适应性。

（3）融入社会交往理论，增加团队合作、公益服务、责任感和公民意识的评价；通过线上线下结合的项目活动，促进学生社会性正向发展。

（4）采用CIPP评价模型，关注学科成绩的同时，重视学习过程、策略多样性以及文化理解深度，鼓励学生跨学科探索；利用大数据分析学生学习兴趣。

（5）结合建构主义理论，采用项目式学习、实验探究等方式，评价学生问题解决能力与创新思维；利用AI工具记录学生实践过程，分析其实际操作技能。

（6）设立个性化展示平台（如才艺、创新作品、领导力展现），引入人工智能分析学生表现，彰显个性特长，鼓励潜能发掘。

2. 评价工具与路径的多元化与信息化融合

当前的东莞市W小学综合素质评价已采用多种工具，但建议进一步优化。

（1）开发集成化在线评价系统，利用大数据分析实现即时反馈与深度挖掘，为个性化教学提供数据支持，确保评价基于真实数据。

（2）通过电子日志、在线互评和虚拟现实体验，增加评价的互动性与情境性，促进自我评价与相互学习，实现智能化评价。

3. 评价方式方法与技术的创新应用

（1）采用第四代评价理论，强调评价者与被评价者共同参与；利用叙事评价、档案袋评价等丰富语言描述，增强评价情境敏感性与人文关怀。

（2）使用AI辅助评价，如智能语音识别分析口语表达能力，机器学习算法分析学习行为模式，提供精准教学依据。

4. 流程与效果预期的持续优化

（1）从数据收集到分析，再到反馈指导，形成闭环管理系统，确保信息有效利用与持续改进。

（2）在学生层面，促进全面发展，强调自我驱动学习与终身学习能力；在教师层面，通过差异化策略，提升教学针对性与有效性；在家校合作层面，基于数据的家校沟通机制，共同促进学生成长。对于评价体系，提高科学性与公正性，减少偏见，增强信度与效度。

5. 结合地方经济文化实力的改进策略

（1）依托东莞市经济实力，加大教育信息化建设投入，特别是智能评价系统研发与应用。

（2）结合地方文化资源，开发地域特色校本课程，如岭南文化、科技创新等，并融入STEM、艺术课程、体育课程，提升学生综合素养。

（3）加强对非学业成就评价，特别是思维能力、创新意识、社会责任感，通过项目展示、模拟演练等多样化方式全面反映学生能力。

（4）建立家校共育平台，鼓励家长参与评价设计与实施，形成教育合力。

（5）定期举办科技节、艺术节、体育赛事等特色活动，激发学生积极性与创造力；建立快速反馈机制，确保评价结果转化为教学实践，促进持续改进。

二、广州市P小学的综合素质评价策略

（一）理念与目标

教育理念：培育现代君子。

办学目标：君子教化，方圆育人。

培养目标：促进学生全面和谐发展，造就全面发展的新一代

（二）综合素质评价

1. 评价内容

广州市P小学认为，作为一种新型测评理论的核心概念，综合素质评

价应该具有一些明显有别于且超出传统综合素质和核心素养的新内涵，不仅能够弥补传统学生综合评价在概念内涵上的缺陷，而且能够响应教育评价改革的时代需求对原有概念内涵进行拓展和延伸。广州市P小学将综合素质评价定义为，学生在受教育过程中形成的跨越学科的关键能力、必备品格和深化价值观的个性化有机融合，如图7-2所示。

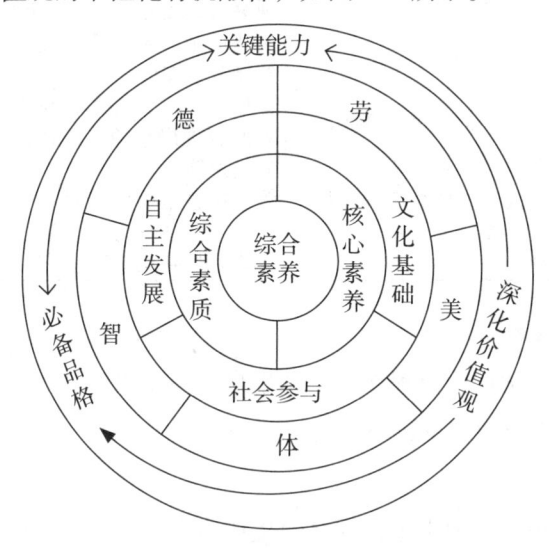

图7-2 广州市P小学综合素质评价内容

广州市P小学认为综合素质评价主要分为思想品德、学业水平、身心健康、艺术素养和社会实践等五个方面，整体反映学生综合素质发展情况。评价内容见表7-3。

表7-3 广州市P小学评价内容

项目	主要考查	重点
思想品德	爱党爱国、理想信念、诚实守信、仁爱友善、责任义务、热爱集体、遵纪守法、诚实守信等道德品质和良好行为习惯养成方面的状况	遵守公民道德和公共秩序，参加学校班、团、队活动，公益劳动、志愿服务等方面的突出表现
学业水平	各门课程基础知识、基本技能掌握情况，运用知识解决问题的能力等	学业水平考试、地方课程和校本课程学习经历与成果，以及学习态度、习惯、能力、效果等方面的突出表现

续表

项目	主要考查	重点
身心健康	体育锻炼习惯与健康生活方式，以及心理健康状况、安全素养等	体育课出勤情况、体育运动技能掌握情况、竞赛情况、参加学校安全教育活动情况优秀，《国家学生体质健康标准》测试、每天一小时校园体育活动、课余体育训练表现突出，以及自我认知与管理、人际关系、情绪调节、青春期适应、安全知识与相关技能等掌握良好
艺术素养	学生对艺术的审美感受与鉴赏、参与和表现的能力	音乐、美术、舞蹈、戏曲、影视、书法等方面表现出来的兴趣特长、参加艺术活动的成果等
社会实践	学生的社会认知、社会实践、社会适应状况，形成的劳动素养、实践能力等状况	学生在日常生活劳动、生产劳动、服务性劳动、参观学习、研学实践、志愿服务和公益活动中表现出的意识、能力和成果等

2.评价流程

广州市 P 小学评价流程如下：学生自评→小组互评→家长评价→教师评价→班级评价→学校审定→反馈公示→结果认定。

1）学生自评

广州市 P 小学认为学生自评是学生作为评价主体。广州市 P 小学学生自评的方式为，学生依据综合素质评价各个方面的要求、准备的实证材料，对自己的期望、品德、发展状况、学习行为与结果、个性特征进行判断与评估。广州市 P 小学认为这样学生可学会反思，了解自我表现发展的状况，通过反观自己的学习过程，比较自我前后学习情况的变化，了解自己本阶段掌握的知识技能情况，改进学习策略，从而明确自我发展的目标。学生自评更注重于学生对自己的真实看法，在德智体美劳五个方面客观准确地评价自己，为学生互评和教师评价提供参考依据。

2）小组互评

广州市 P 小学小组互评的方法为根据班级实际情况，将学生分组，并产生组长监督评价。在评价时，学生本人回避，小组同学之间在班主任指导下根据学生自评和展示的实证材料，结合平时的观察了解，进行交流和评价。

3）家长评价

广州市 P 小学家长评价的方式为，先通过家长会或致家长一封信、家校互联平台等形式把评价内容、方法、程序等向家长做出明确说明，征得家长与社会的理解与支持；在每次学生自评和小组互评后，请学生把评价表带给家长，家长把学生在家的表现如实评价，既加强家校沟通，相互了解学生的情况，也便于对学生做出全面正确的评价，不断发掘并提高学生的潜能，使学生的综合素质不断得以发展。

4）教师评价

广州市 P 小学教师评价的方法为，让教师认真阅读学生的有关资料，综合分析学生的日常表现、成长记录袋、本学年的考试、考查科目成绩、学生自评、同学评价和家长评价结果等相关信息，从学生的整体表现入手，对全班每一个学生客观、公正地做出等级评价，评定时应充分尊重学生的自评与互评，避免以偏概全。

5）班级评价

广州市 P 小学班级评价的方法为，由班主任、本班主要学科的任课教师、学生、家长等成员组成人数在五人左右的小组进行评价。班级评价小组成员中的学生和教师要充分了解学生，在本班级学习、授课时间不少于一年。班级评价切忌将日常的片段事实和记录作为评价依据，避免以偏概全。每一个学科教师和班主任都要重视以学生发展为本，从学生的整体表现入手，把握每一位学生的心态、身体、心理的发展状况，根据评价标准和相关材料对学生进行评价，撰写促进学生全面发展的综合性评语，并对学生基础性发展目标提出评价等级的意见。

6）学校审定

广州市 P 小学综合素质评价工作委员会对班级评价等级意见进行审定，形成学生终结性评价结论意见，并将结果以书面形式通知学生本人及其监护人。如果学生及其监护人对评价结果有异议，可以书面形式向学校综合素质评价工作委员会提出复核申请。学校接到申请后，进行调查、复核、处理，在收到申诉或复议之日起七日内给予书面答复。

7）结果认定

将无异议的学生写实记录、学生自我陈述、小组评价、家长评价、教师评语、班级评价等评价信息经信息平台汇总，形成学生综合素质评价档案材料。

3. 应用技术

广州市P小学认为综合素质评价涉及多元、多维、多源的海量数据，个性化、个体化数据汇集，具有典型的大数据特征。因此，利用大数据、机器学习等技术，建立综合素质评价模型，可实现便捷、有效地对学生进行综合素质的评价。

1）搭建数字化评价平台

广州市P小学认为搭建数字化评价平台，可充分利用学校在教育教学管理中产生的大量数据，通过信息化手段，智能生成相关评价图表，清晰反映学生综合素质情况。

广州市P小学的数字化评价平台是一个系统工程，涵盖思想道德、科学文化、运动与健康、审美与表现、实践与操作五个维度，较好地解决了"评什么"的问题，对学生进行全面的评价；较传统的评价方式更能体现评价的过程性，合理地解决了"怎么评"的问题。广州市P小学的数字化评价平台的"课堂优化评价""学生标志性展卡"每天对学生进行评价，是一种鞭策与激励同步机制；每周的"班级捆绑管理""星级班级"评比，是一种自律与荣誉同步机制；一月一主题的"自评""互评""教师评价"，是一种教育与矫正同步机制；"一月一考"及"点测""卷面积分""考试积分"，是一种努力与改进同步机制；德智体美劳五个维度的"活动积分"评价，是一种引领与发展同步机制。在综合素质评价过程中注重发挥学生的主体作用，是数字化评价平台通过自评和互评来达到自我管理的目的。

广州市P小学认为大数据的互联网和人工智能手段，为学生发展评价提供了良好的条件和应用场景。综合素质评价最终是给学生"画像"，真正落实必须依靠现代技术支撑的大数据评价，通过大数据平台进行采集数据、分析数据、建立模型，这就需要建立基于互联网的学生发展数字化社区、数字化班级，每一名学生都对应一个经过数据处理的"数字化学生"，按照规范要求上传学生学习和成长情况数据，按照权限可视化了解某一个学生、某一个班级、某一所学校，或者某一个学生群体的学习和成长状况，获得相应的过程评价。广州市P小学认为搭建数字化评价平台过程如下。

首先，根据综合素质评价标准体系搭建平台的框架。广州市P小学认为标准是评价的基础和依据；基于人工智能的综合素质评价更是以标准体系为依托，在横向上需要建立德智体美劳全要素发展的标准，在纵向上需要明确各年级学生学习发展的标准，逐步建立多方位、多领域、多层次、多主体的评价标准和评价服务标准体系。

其次，细化综合素质评价网络平台评价指标。广州市P小学认为平台至少由三个中心构成：一是评价数据收集中心，负责采集、分类、储存学生学习和成长数据；二是评价数据分析中心，按照需要对学生进行立体评价，并按照"谁评价谁负责"的原则，生成、出具、储存评价报告；三是评价结果反馈中心，根据需要提供基于学生立体评价而生成的改进学习、教学等建议。

再次，建立综合素质评价保障体系。广州市P小学认为无论是数据采集、运行处理，还是评价服务，都不是纯粹的技术问题，需要严密的组织体系、科学的规范制度、高效的运行机制来保障，同时还要建立网络防护机制确保数据安全。综合素质评价集学生学习全过程纵向评价和德智体美劳全领域横向评价于一体，其海量的数据采集、处理、分析、判断，也只有基于互联网、人工智能技术、大数据等现代信息技术方可实现。

最后，建立学生发展评价反馈体系。广州市P小学认为，教育行政部门和学校管理者可以通过电脑、手机、平板等进入评价网络系统，按照权限浏览相关信息，借助系统的各种软件和工具实施智能化、可视化、实时化管理。依据互联网技术可以把握全体学生的学习情况，及时了解学生发展变化情况，对学生存在的心理问题、学习问题、教育问题等进行及时处理，并对学生发展状况及教育教学提出改进性意见，根据系统生成的数据报告和政策建议制定教育政策，充分发挥学生发展评价的教育引导价值。

广州市 P 小学的数字化评价平台如图 7-3 所示。

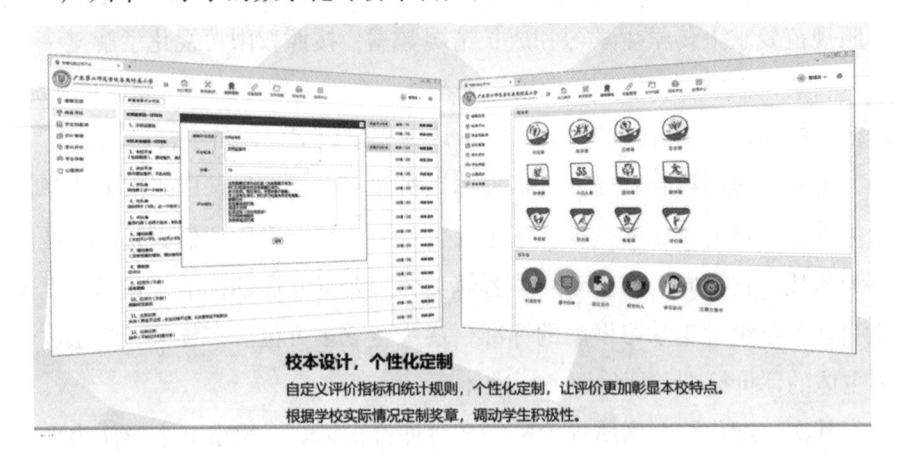

图 7-3　广州市 P 小学的数字化评价平台

2）数据的采集

广州市 P 小学为更好地进行综合素质评价工作，必须从学校日常教育教学管理中获取相关的数据。在实际操作过程中，广州市 P 小学采取了以下几方面的观察点。

（1）纸笔作业、练习。作业分析评价是教师了解、掌握学习效果、学习态度最常用、最有效的评价方式。学生的作业情况通过学生的认真程度、主动作业的情况、课外学习情况、实验操作能力，以及小论文、小发明、小制作等成果进行综合评价。通过教师、学生在数字化评价平台自主申报，或者教师统一申报过程性评价，记录学生在常规作业项目及跨学科项目学习中的完成情况并纳入综合评价，组成用户画像。

（2）期末考试。考试、考查是评价的主要方式之一。考试要根据考试的目的、性质、内容和对象不同选择相应的考试形式；除纸笔测验外，也可以选择听力、口试、实际操作等性质评价形式。考试的内容应多元化，除关注知识与技能外，还应体现考查学习的过程与方法以及情感态度与价值观方面的内容；还要重视加强多方面潜能的发展，尤其是创新精神、实践能力和反思能力的发展。期末考试作为终结性评价和综合性评价，经教导处或科任老师核准记录，数字化评价平台结合数据对比及生成式人工智能综合分析学生某段特定时间内的学习状态，以总结前一阶段学生综合素质达成程度，并做出下阶段学生发展的预判。

（3）日常观察。教师对学生的日常观察是综合素质评价的重要组成部分，教师可通过手机端及电脑端借助数字化评价平台预设框架下的多栏目分层次的观测指标，对学生综合素质给分，具体日常观察可分为以下几项。

A. 课堂教学观察：学生课堂学习行为观察是评价学生学习过程的重要方法。学生的课堂表现要通过学生回答问题的频率、思维品质、探究行为、小组合作的表现、学习兴趣、主动性积极性等因素来进行综合评价，可以在学生自评、互评的基础上进行。

B. 综合活动观察：校内外活动观察，要通过学生参加的有意义的活动，包括学生参与各类综合实践活动的过程描述、活动成果、学生的感悟和反思等。

C. 特长表现：包括学科获奖纪录或证明、亲手制作的作品（如航模、陶艺、电脑制作等）或小发明成果、艺术性活动记录或奖励证书。

D. 少先队各项评比：少先队充分发挥了队干部的作用，在学校生活中，通过队干部对学生的文明礼仪、卫生习惯等进行定时检查评比，更通过雏鹰争章活动，优秀学生、少儿君子系列评比活动等采集学生的数据。

（4）成长记录。成长记录是形成性评价的重要方式，建立每个学生的成长记录。成长记录要收集能够反映学习过程和结果的资料，包括学生的自我评价、最佳作品、社会实践和社会公益记录、体育与文艺活动记录，教师、同学的观察评价，来自家长的信息，考试和测验信息等。

（5）其他。在学校的教育教学管理中，广州市P小学还会挖掘现成的、有价值的数据，如学生每学年一次的体测数据、心理评估数据、体检数据等。将这些数据直接导进系统，也可有效反映学生的相应素质的具体情况。

3）评价结果的呈现与使用

广州市P小学利用数字化评价平台，同时接入ChatgPT、区块链等人工智能，对在教育教学中产生的学生数据进行评价总结分析，并最终形成可视化的综合素质评价图表、清晰的文字评价表述，让学校、教师、家长均可具体、形象地看到学生综合素质的发展水平，给学校、教师教育教学提供参考，也让家长清晰地看到自己孩子的素质发展水平，减少目前"双减"政策下的焦虑感，不断调整家庭教育方式方法。广州市 P 小学综合素质评价个性化反馈系统手机端如图 7-4 所示。

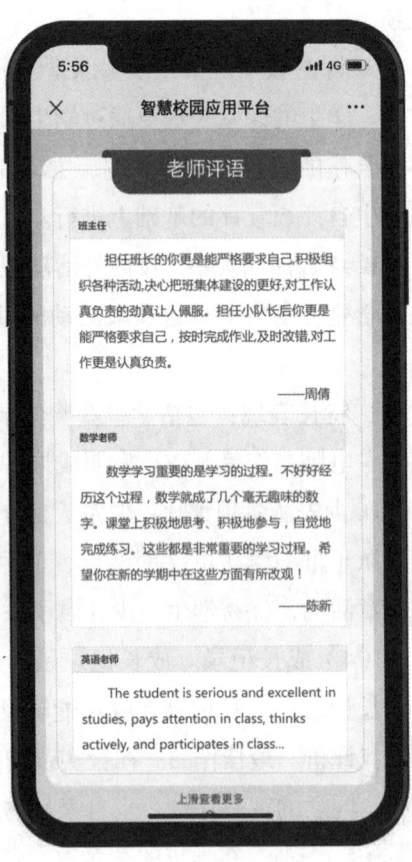

图 7-4　广州市 P 小学综合素质评价个性化反馈系统手机端

4. 保障措施

为了保证综合素质评价的可实现性、完整性和公平性，广州市 P 小学将建立配套保障措施。

1）管理支持

在学校管理制度设计方面，广州市 P 小学考虑如何激发学生的内驱力，引导学生在学习、生活中发展自我、完善自我。

广州市 P 小学由校长牵头组建成立信息化中心校工作小组，由学科骨干共同组建综合素质评价设计团队，专门负责综合素质评价体系的顶层设计和制度设计，制定建设方案及管理保障和绩效评估制度，规范专项经费管理。广州市 P 小学积极更新校园信息化教学环境，并实现校园无线网络覆盖；积极探索智慧课堂应用，应用多级数字教育资源服务平台开展智慧教学教研活动，并建立本校优质教学资源数据库。

广州市 P 小学着重发展大数据，支持师生评价体系发展。大数据分析将评价指标量化可视化，形成每期绩效评估报告，形成教师准确定位，让评价过程也能更直观公平公开。广州市 P 小学新增学生个人数据收集分析系统，形成个人档案袋。德育评价、家校联动、阅读数据、个人体质数据、每日作业任务完成度、活动考勤记录、测评数据共同形成"养德""乐学""乐读""乐创""好艺"五大维度综合素养评价。广州市 P 小学希望通过完善顶层设计和制度设计，激发学生提高个人综合素质的内驱力，引导学生自主学习，在生活中发展自我，完善自我生命。

2）课程支持

在课程建设方面，广州市P小学充分结合地方资源、师资力量、学校环境，开发和完善课程，保证有项目、可持续支持学生综合素质的提升。

广州市P小学根据"君子教育，方圆育人"的办学特色，开发与实施了一系列特色课程，通过课程学习培养学生具备君子人格，以此引领学生迈向美丽人生。特色课程从育人目标出发，设置了"经典诵读""本土人文""儒雅艺术""实践探索""心理素养"等内容，并在此基础上编写了《君子知方圆》《君子好诗书》《君子有雅志》《君子当敏行》《君子巧心灵》等系列教材，通过课堂教学、社团活动等方式开展，以此拓宽学生的知识面，提高学生审美、动手能力，培育博学通达的现代君子，并以智慧综合素质评价平台为核心，实现多方互动促进学生学习。

3）环境支持

在环境建设方面，广州市P小学尽可能根据综合素质评价依据，建设有利于学生综合素质提升的生活、实践、创新环境，引导学生主动学习、勤于实践、大胆创新。

广州市P小学要将可视化的数据图表及时更新到班级，辅助教师精准育人，同时联动家庭，让家长与孩子综合考量制定适应孩子的家庭教育方案，家校共育，为学生综合素质提升创造良性的家庭生活环境、学校生活环境，为学生综合素质提升提供综合评价依据。建立个性化作业任务跟踪体系及自适应校本检测题库，让学生得到最适合成长的练习强化和学习跟踪，提高教师对学生分析的深度，因材施教。

4）技术支持

在技术支持方面，广州市P小学希望能为综合素质评价提供穿戴设备、学习工具和学习资源，建立学生发展大数据系统，数据提取中能够全面、系统、分阶段分析学生发展状况，为学生自己、教师、家长提供参考。

为了学校信息化管理的简便、即时，广州市P小学始终坚持"一个平台"的理念，将日常办公系统、教学教研系统、德育量化系统、后勤管理系统、图书管理系统和学生评价系统等集成在平台上，立足学校现状、着眼长期规划，坚持平台的开放性、良好的拓展性，为学校未来的建设打下良好的基础。平台在开发时已考虑到整体的体系结构，避免系统间重复建设的问题。云服务平台具体包括的模块有学校管理模块、无缝化德育共建、数字化校园氛围、互动化智慧课堂和精细化学生评价。

在实践过程中，广州市 P 小学不断吸纳全校师生使用情况建议，边实践边调整完善，扩充教育治理平台的适用度和应用广度，并借助大数据技术，分析学生日常行为并归结成为学生个人、班级、年级的德育评分，减轻各级德育管理者的统计难度；分析学生课堂互动情况及教师备课上课情况，便于教师调整教学计划；分析学生课外阅读情况，评价出学生在课外开展阅读情况。

广州市 P 小学借助云服务平台打造出具有数据分析和较强交互性的智慧课堂，教师能参考课堂生成的学生数据，在大数据技术的帮助下进行学生学情分析，及时调整课堂教学计划及课后个性化作业及辅导，务求连通课堂内外及实现校社联动，从多维度提高综合素质评价的效能。

（三）评价分析

在评价内容方面，广州市 P 小学评价内容详细、全面，涵盖了思想品德、学业水平、身心健康、艺术素养和社会实践五个方面。但是，为了更好地与新课程、新课标对接，可以进一步细化评价指标，明确其与核心素养的对应关系。

在评价流程方面，广州市 P 小学规范、有序，涵盖了自评、互评、家长评价、教师评价等多个环节。但为了更好地提高评价效率和质量，可以进一步优化流程设计。

在评价实施方面，广州市 P 小学数字化评价平台的搭建完善，数据的采集、评价结果展示情况良好。但为了更好地适应新技术的发展和应用需求，可以进一步加强技术支持和平台建设；同时，可以加强对数字化评价平台的宣传和培训力度，提高师生的使用意愿和能力。

在保障措施方面，广州市 P 小学的保障措施完善，涵盖了管理支持、课程支持、环境支持和技术支持等多个方面。但为了更好地确保评价工作的顺利进行和持续改进，可以进一步加强监督和评估机制。

三、揭阳市 L 小学的综合素质评价策略

（一）理念与目标

教育理念：莲韵教育——洁心至正，雅韵慧行，以莲为榜样，倡导"出淤泥而不染"的高尚品质，注重培养学生的道德品质和综合素质。

办学目标：办一所现代乡村小学。

培养目标：培养全面发展、多才多艺的学生。

（二）课程体系

在开齐、开足、开好国家课程的基础上，根据地域实际和师生的特点，构建知莲（认识莲的生长习性、莲花的多种用途、莲的构造、莲的成语、莲的习俗、品鉴莲的品种）、咏莲（诵读古典诗词文章）、悦莲（手工折纸莲花灯制作，传唱莲花有关歌曲等）系列校本课程。

（三）综合素质评价内容

揭阳市 L 小学的综合素质评价内容见表 7-4 ~ 表 7-9。

表 7-4　揭阳市 L 小学的综合素质评价内容（思想品德水平）

		内容	等级		
			第一学期	第二学期	学年总评
一、思想品德水平	1	能认识国徽、国旗、按时参加升旗礼，学习中国共产党、祖国和社会主义的有关知识			
	2	养成喜欢看报纸、听广播的习惯，知道国家的一些大事			
	3	明确学习的目的，决心学好知识，为祖国贡献力量			
	4	在师长的指导下，逐步提高分清是非、识别好坏的能力			
	5	积极参加学校组织的各项活动，思想要求进步			
	6	活泼开朗，有错就改，反对坏人坏事			
	7	有集体主义精神，喜欢和同学和谐相处			
	8	通过学习，自觉遵守《中小学生守则》			
	9	在师长的教导下，认真学习《小学生日常行为规范》，做到学一条，遵守一条			
	10	养成文明礼貌的行为习惯，尊敬师长，团结同学，乐于助人，多做好人好事，为人诚实，不说谎话，不说粗话，不乱拿别人的东西			

表 7-5　揭阳市 L 小学的综合素质评价内容（知识能力水平）

	科目	第一学期				第二学期				学年总评
		平时	期中	期末	总评	平时	期中	期末	总评	
二、知识能力水平学科成绩	品德与生活									
	品德与社会									
	语文									
	数学									
	英语									
	科学									
	体育									
	音乐									
	美术									
	信息技术									
	综合实践活动									
本学期成绩有所提高的科目：										

注：总评栏中，是用百分制，还是等级制，由学校统一规定。

表 7-6　揭阳市 L 小学的综合素质评价内容（身体健康水平）

三、身体健康水平	身体检查情况	身高		厘米	肺活量		视力	左
		体重		千克	血色素			右
		胸围		厘米	龋齿			
	卫生习惯							
	体育锻炼达标情况							

表 7-7　揭阳市 L 小学的综合素质评价内容（劳动技术水平）

内容		等级		
		第一学期	第二学期	总评
四、劳动技术水平	自己的事自己做			
	别人的事帮着做			
	集体的事情积极做			
	珍惜劳动成果			
	第一学期班级组织劳动__次，该生参加了__次。			
	第二学期班级组织劳动__次，该生参加了__次。			

表 7-8　揭阳市 L 小学的综合素质评价内容（个性发展水平）

内容		等级		
		第一学期	第二学期	总评
五、个性发展水平	班队活动			
	兴趣小组活动			
	科技活动			
	文艺活动			
	体育活动			
	社会实践			
	特长			

表 7-9　揭阳市 L 小学的综合素质评价内容（劳动技术水平）

		第一学期			第二学期		
六、附录	出勤情况	本学期上课　　天			本学期上课　　天		
		该生实际上课　　天			该生实际上课　　天		
		迟到　　次	旷课　　节		迟到　　次	旷课　　节	
		请假　　节	早退　　次		请假　　节	早退　　次	
	奖惩情况	第一学期			第二学期		

续表

六、附录	班主任寄语	第一学期	第二学期
	校长签章：	年　月　日	
	家长的话	第一学期	第二学期
		签名　　年　月　日	签名　　年　月　日
附告	1. 新学期开学时间：　年　月　日 2. 新学期注册时请带本手册		1. 新学期开学时间：　年　月　日 2. 新学期注册时请带本手册

（四）评价分析

1. 评价内容的全面性与深度

1）思想品德水平

揭阳市 L 小学的综合素质评价全面覆盖学生对国家、集体、师长、同学的态度和行为，包括爱国主义、集体主义、纪律性、礼貌待人等，体现多维度评价，与《义务教育质量评价指南》高度一致。

建议增加情境模拟、角色扮演等活动，通过行为观察评价学生的道德实践能力。

2）知识能力水平与学科成绩

揭阳市 L 小学的综合素质评价涵盖语文、数学、英语、科学、体育、音乐、美术等，全面评估学科素养。

建议引入项目式学习、跨学科整合，利用 CIPP 模型（背景—输入—过程—成果）评价学习深度与创新能力。

3）身体健康水平

揭阳市 L 小学的综合素质评价包括身体指标、体育锻炼、卫生习惯，全面关注学生体质。

建议结合大数据，使用可穿戴设备监测健康数据，增加运动习惯和体育兴趣的评价。

4）劳动技术水平

揭阳市 L 小学的综合素质评价关注劳动习惯、参与次数和态度，培养劳动素养。

建议结合社会交往理论，增加团队合作、社区服务项目，评价学生的社会责任感。

5) 个性发展水平

揭阳市 L 小学的综合素质评价通过班队活动、兴趣小组、科技活动等，评价个性与特长。

建议利用多元智能理论，设立个性化展示平台，如才艺展示、创新作品，鼓励学生发掘潜能。

2. 评价工具的多元化与信息化

1) 将手册作为基础记录工具，引入电子化评价系统，实现数据的实时记录、分析和可视化。

2) 利用大数据分析和 AI 技术，提供个性化学习路径推荐，提高评价的精准性和效率。

3. 评价路径的清晰化与系统性

1) 数据收集

（1）采用日常观察、测试、问卷调查等多渠道收集。

（2）强化过程性评价，记录学生的日常表现和学习轨迹。

2) 数据分析

（1）统计分析形成综合素质报告。

（2）引入机器学习算法，深度挖掘学生发展潜力和需求。

3) 结果反馈与改进

（1）及时反馈给学生、教师和家长。

（2）根据评价结果，提出个性化改进建议，促进持续发展。

4. 方式方法的创新与融合

1) 学科成绩定量评价，思想品德、身体健康等定性描述，增强评价的全面性和深度。

2) 学生自评、教师评价、家长评价相结合，形成评价共同体，促进多元评价。

5. 评价技术的现代化与智能化

1）实现数据实时记录、智能分析，提高评价效率和准确性。

2）利用 AI 技术辅助评价，如智能语音识别分析口语能力，机器学习算法分析学习行为模式。

6. 评价流程的闭环管理与持续优化

1）采用教师、学生、家长共同记录的模式。

2）生成每学期末综合评价报告。

3）反馈结果，提出建议，持续跟踪调整。

4）从数据收集到反馈改进，形成闭环，确保评价的有效性和持续性。

（五）欠发达地区小学的校本评价策略建议

1. 结合实际，确立评价目标，坚持公平公正。
2. 简化评价体系，利用现有资源，确保易于操作。
3. 定期组织培训，提升评价能力，建立交流平台。
4. 增强家长参与，建立家校联动机制。
5. 引入电子化工具，开发本土化评价软件。
6. 建立反馈机制，持续优化评价体系。
7. 融入地方文化，鼓励特色发展，形成学校品牌。

欠发达地区的小学要实现以校为本的有效评价，需要明确评价目标与原则，构建适合的评价体系，加强教师培训与支持，让家长共同参与，利用信息技术手段持续监控，以及注重文化融入与特色发展。通过这些措施的实施，可以逐步建立起符合学校实际情况和学生发展需求的有效评价体系。

（六）欠发达地区小学的校本课程建设建议

1. 校本课程体系与评价的互动

L 小学的校本课程体系包括"知莲""咏莲""悦莲"等系列课程，

这些课程与学校的"莲韵教育"理念紧密相关。在评价过程中,应关注学生对这些校本课程的掌握情况,通过作品展示、口头汇报、实践操作等方式进行评价,确保校本课程的有效实施。同时,根据评价结果调整校本课程内容和方法,使其更好地服务于学生的全面发展和学校的办学目标。

2. 需要进一步丰富校本课程

1)融入地方文化和乡土教育

结合乡村小学的特点,将地方文化和乡土教育融入校本课程,如开设关于乡村历史、民俗、自然环境的课程,增强学生的文化认同感和归属感。通过实地考察、采访当地村民、参与乡村活动等方式,让学生亲身体验乡村生活,培养其热爱家乡的情感。

2)强化实践能力和创新精神的培养

增加实践性和创新性的课程内容,如科学实验、手工制作、编程、机器人等,提高学生的动手能力和创新思维;组织学生参与科技创新竞赛、社会实践活动等,让学生在实践中学习和成长。

3)注重跨学科整合和综合能力培养

设计跨学科的校本课程,如将语文、历史、地理等学科知识融合在一起,通过主题式学习、项目式学习等方式,培养学生的综合应用能力和问题解决能力;鼓励学生参与跨学科的研究项目或实践活动,如环境保护、社会调查等,提高学生的综合素质。

4)利用信息技术手段丰富课程资源

引入电子教材、网络课程、在线互动平台等信息技术手段,丰富校本课程资源,提高教学效率和互动性;利用大数据分析学生的学习情况和反馈意见,及时调整课程内容和方法,满足学生的个性化学习需求。

5)建立持续监控与改进机制

定期收集教师、学生和家长对校本课程的反馈意见,及时发现问题并进行调整和改进;根据《义务教育质量评价指南》和新课程标准的要求,不断更新和优化校本课程内容和方法,确保其始终符合教育发展的要求。

综合素质评价既要按照教育规律和学生的身心发展规律来实施，同时要不断完善校本课程的建设，使学生评价的内容更加丰富、方法更加多元、效果更加明显，真正做到在促进学生全面发展的基础上，进一步推动其个性化发展。具体而言，评价过程应注重品德、学业、身心健康、审美素养、劳动技能及个性发展等多个维度，同时校本课程的开发应紧密结合学校特色与地域文化，通过多样化的教学活动和评价方式，激发学生的学习兴趣，培养其创新思维和实践能力，最终实现学生综合素质的全面提升和个性化成长。

第四节 初中综合素质评价案例实地考察

在对中学综合素质评价进行具体研究的过程中，课题组同样考虑了经济环境对综合素质评价体系构建的影响，系统对比并分析了发达地区与欠发达地区在资源配置、评价标准设定、评价方法执行等方面的相似点与差异点，特别选取东莞市 C 初级中学、揭阳市 R 初级中学作为具体的研究案例，深入剖析这些学校的教育理念、办学目标、评价内容等与综合素质评价紧密相关的要素，并针对各校的校本评价实践提出具体的改进建议，以期构建更加全面、完善的评价内容与方法体系，推动综合素质评价向多元化、个性化方向发展。

一、东莞市 C 初级中学的综合素质评价策略

（一）理念与目标

教育理念：正道教育。

办学目标：建设成文化底蕴厚重、教育质量优秀的"正道教育"品牌学校。

培养目标：将学生培养成具有正德、正思、正言和正行特质的正

道学子。

（二）课程体系

东莞市 C 初级中学致力于打造科学、系统、多元的课程体系，希望能够满足学生的兴趣和需要，为此学校教师积极研发各类课程。

东莞市 C 初级中学校本课程体系的设置紧扣"正道教育"下学生的四大核心素养，从育人目标的角度而言，其符合"正道教育"价值体系下的人才培养要求。在每一大类的课程均秉持"正道教育"的育人理念，兼顾学校品牌文化的传承、学校特色项目的开展以及加深国家课程理解，开设特色课程和学科拓展课程。特色课程着重于学校品牌文化的传承与特色项目的开展，使学生有更加鲜明的特色标识。其中，创客课程是学校的王牌；学科拓展课程继续拓展学科外延，为学生建构学科知识体系提供强有力的支持，使学生更好地理解与掌握知识。

1. 正德课程

1）特色课程

（1）核心经典课程。学校文化是一所学校的灵魂所在，对学生成长发展有深远意义。在学校文化的浸润下，学生的人格会受到潜移默化的影响，身上将深深打下它的烙印。核心经典课程将助力学生理解学校文化，促使其践行"正道教育"的价值理念，使学生成为行走的文化名片。核心经典课程具体内容见表 7-10。

表 7-10 核心经典课程

课程名称	课程目的	课程主题	实施与评价
核心经典课程	使学生充分理解"正道教育"，理解其产生的缘由、价值体系、内涵意义及文化渊源。通过对"正道教育"及其文化背景的理解、认同和内化，促进学生优秀品格的发展，促使其知行合一	"正道教育"文化册	进行"正道教育"主题讲座，开展"正道教育"主题征文比赛、主题手抄报展示等活动
		《屈原列传》研习	诵读，赏析经典语句、段落，教师引导学生感悟书中的义理和价值观念，对重要观点进行研讨，完成两篇文章的学习感悟
		《儒行》研习	

（2）德品课程。正所谓"才者，德之资也；德者，才之帅也"。"正道教育"强调为人之正道，学校十分看重学生的德行，所以开展德品课程。德品课程包括四大主题，分别是知孝敬、重诚信、怀仁心、存道义。德品课程具体内容见表7-11。

表7-11 德品课程

课程名称	课程主题	课程内容举例	实施与评价
德品课程	知孝敬	1. 阅读与分享：《朱子家训》《傅雷家书》《曾国藩家训》《曾国藩家书》 2. 视频赏析：《家风》《家书传奇》 3. 学习"最美孝心少年"的事迹	1. 主题班会 2. 家长学校讲师团授课 3. 开展家庭文化节（家书日、展家训、秀家艺等） 4. "孝悌之星"评比活动
	重诚信	1. 阅读与分享：《诚信故事会》（中学版） 2. 诚信人物研究：以诚信为主题，从古今中外的名人中选取研究对象，分析诚信这一品质对其人生发展的重要影响	1. 主题班会 2. 开展诚信人物研究展示活动 3. "诚信之星"评比活动
	怀仁心	1. 典籍里的"仁爱人物"推介 2. 历届"感动中国十大人物"故事分享 3. 日行一善	1. 主题班会 2. 社区实践：环保宣传员，爱心义卖行动，尊老敬老好少年 3. "博爱之星"评比活动
	存道义	1. 关注国内外时政新闻、社会生活热点与评议 2. 法治专题学习，法治读物——《青少年法治教育读本》（初中版）	1. 主题班会 2. 开展辩论赛，可从热点新闻、突出社会现象、近期热议事件等角度选取主题 3. "道义之星"评比活动

2）学科拓展课程

正德课程下的学科拓展课程具体内容见表7-12。

表7-12 正德课程下的学科拓展课程

科目	课程名称
政治	1. 成长教育 2. 法律伴我成长 3. 法治与品德 4. 思想品牌育心课程
历史	1. 不忘初心力行正道 2. 广东近代名人汇总 3. 校史课 4. 宗祠文化研学课程

2. 正思课程

1）特色课程

正思课程下的特色课程模块以好心态和强思维两个核心素养为目标，希望学生为人为学有正确而积极的心态，能养成严谨、科学、创新的思维模式，因此，开设心理探秘课程和创意性思维课程。

（1）心理探秘课程具体内容见表7-13。

表7-13 心理探秘课程

课程名称	课程目的	课程主题	实施与评价
心理探秘课程	帮助学生提升在自我认知、情绪管理、沟通与合作等方面的认识与技巧，知晓处理心理问题的途径和方法，增强自信心、耐挫力，培养积极阳光、奋发向上的品质，逐步适应生活和社会的各种变化	1. 记忆的规律及策略 2. 想象力与发散思维 3. 学习心理 4. 情绪控制与管理 5. 人际沟通 6. 竞争与合作 7. 青春期心理	1. 心理健康讲座 2. 心理沙龙 3. 心理剧 4. 观看心理电影 5. 心理征文比赛 6. 心理健康活动月

（2）创意性思维课程具体内容见表7-14。

表7-14 创意性思维课程

课程名称	课程目的	主要内容	实施与评价
创意性思维课程	通过系统的课程学习，学生对创意思维有深刻的认识，并且掌握科学的研究方法和工具使用，创造力、逻辑能力、数理分析能力等解决问题的能力得到提升，为青鹤湾创客课程奠定基础	第一部分 思维训练（包括创客的定义、创新思维的培养、创新方法的学习） 第二部分 工具基础（包括3D建模与3D打印实践、Scratch编程入门、Arduino套件入门） 第三部分 创意实现（包括查新与查新报告、方案的制作过程、发明报告的写作） 第四部分 创意延伸（包括专利的申请、自主招生条件、创意设计记录表）	本课程作为青鹤湾创客课程的通识教育部分，实际开展中两门课程融合进行，在评价方面也是统整进行

第七章 综合素质评价的校本实践案例调查

2）学科拓展课程

正思课程下的学科拓展课程具体内容见表7-15。

表7-15 正思课程下的学科拓展课程

科目	语文	数学	英语	物理
课程名称	阅读与写作	兴趣数学	语法加油站	物理世界
科目	化学	生物	地理	政治
课程名称	实验天地	校园绿植探究	绿色未来	认识你自己

3. 正言课程

1）特色课程

东莞市C初级中学开设中华日常礼仪，希望学生做到言必堂堂正正、光明正大，不恶语相加，不秽语伤风，不在背后言语损人；乐于谈有益于身心或能帮助德行成长的话题，远离庸俗、粗俗、低俗的话题。中华日常礼仪课程具体内容见表7-16。

表7-16 中华日常礼仪课程

课程名称	课程目的	课程内容	实施与评价
中华日常礼仪课程	传承和弘扬中华传统文化中的优良礼仪规范，培养学生良好的言行举止和道德品质；培养学生具有良好的言谈举止、不恶语相向、不秽语伤风、不在背后言语损人	1. 居家 2. 访人 3. 在校 4. 会客 5. 处世 6. 旅行 7. 聚餐 8. 对众 9. 出门 10. 馈赠	1. 班会渗透 2. 日常要求（每日自省） 3. 礼仪规范评比，选出"文明班级"

2）学科拓展课程

正言课程下的学科拓展课程具体内容见表7-17。

表7-17 正言课程下的学科拓展课程

科目	课程名称
语文	1. 中华经典诵读 2. 以读带写——精品写作课程 3. 美文赏析

续表

科目	课程名称
英语	1. 英语歌曲学习与欣赏 2. 慰藉心灵的话语——英文诗歌学习与赏识 3. 经典影片赏评

4. 正行课程

1）特色课程

正行课程下的特色课程模块包含四门课程，分别是海龟湾研学课程、志愿者行动、青鹤湾创客课程、4C 戏剧课程，东莞市 C 初级中学希望通过本课程模块的学习，学生能够勤实践，力担当，有专长。

（1）海龟湾研学课程具体内容见表 7-18。

表 7-18　海龟湾研学课程

课程名称	课程目的	课程主题	实施与评价
海龟湾研学课程	使学生认识海洋生命，探寻生命来源，了解海洋生态系统的生物多样性，思考人与生物圈关系，形成与自然和谐相处的情感态度；初步形成自主探究意识，培养一定的户外探究能力	1. 我们的朋友——海龟 2. 世界奇观——双月湾与平海镇 3. 和谐的生态——白沙村红树林 4. 一代英豪——叶挺将军	1. 完成研学课程评价表 2. 研学成果展（包括照片、简报、科研小论文等） 3. 评选出综合表现优秀的学生，并在微信平台上将其与本次活动一起宣传展示

（2）志愿者行动具体内容见表 7-19。

表 7-19　志愿者行动

课程名称	课程目的	课程主题	实施与评价
志愿者行动	培养学生的担当精神，从为学校承担事务开始，逐渐延伸到能为社区建设、家乡建设贡献一份力量，之后方才能为国家乃至天下（国际社会）承担事务、创造价值。	1. 校庆志愿者服务 2. 校运会志愿者服务 3. 饭堂志愿者服务 4. 暖冬探访 5. 防止欺凌活动 6. 守卫蓝色海滩 7. 珍爱生命之绿	以综合实践的形式开展，每季度做一次活动展示会，包括展示活动照片、活动记录、活动感悟等

（3）青鹤湾创客课程具体内容见表7-20。

表7-20　青鹤湾创客课程

课程名称	课程目的	课程主题	实施与评价
青鹤湾创客课程	秉承在生活中发现问题，在实践中解决问题的理念，通过观察、思考、设计、制作、试验等活动使学生获得丰富的学习体验，提高学生的创新能力、综合设计能力、动手实践能力和合作能力等，培养和提升学生的STEM素养	1. 守护者联盟 2. 疯狂闯关季 3. 创客攻略课程（创意物化A系列配套课程） 4. 文化创意课程 5. 智能硬件和图形化编程课程（创意物化中阶课程） 6. 机器人DIY竞赛课程（飓风机器人DIY配套课程） 7. 3D打印 8. 金工木工 9. 航模（含无人机） 10. 车辆模型 11. 无线电测向	依托青鹤湾创客空间，采用选修+社团的模式开展课程。每一个社团都有一个明确的课程主题，平均每周开展2个课时，每学期至少开展1次成果展示交流活动。在每年举办的科技节上，选出上一年综合表现优异的社团，获"青鹤湾创客奖"

（4）4C戏剧课程具体内容见表7-21。

表7-21　4C戏剧课程

课程名称	课程目的	课程主题	评价与展示
4C戏剧课程	希望通过戏剧表演锻炼学生的语言能力、肢体能力、空间能力、音乐能力、逻辑思维能力等，进而提升学生的创造力以及与人交往、自我表达的能力，最终成为自信的人	1. 经典课本剧 2. 原创小品创作 3. 心理剧	每一年选取2个优秀戏剧在学校的艺术节上进行表演，并由学生选出最受欢迎的角色，在艺术节闭幕式上进行颁奖

2）学科拓展课程

正行课程下的学科拓展课程具体内容见表7-22。

表7-22　正行课程下的学科拓展课程

科目	信息技术	体育	生物
课程名称	图像处理、虚拟机器人	足球、篮球、体育艺术课程	动植物标本采集及制作、植物手工艺术品制作
科目	物理	音乐	美术
课程名称	生活中的物理	音乐鉴赏	绘画技法
科目	地理	数学	化学
课程名称	全民防灾应急课程	生活与数学	生活中的化学

（三）综合素质评价内容

学生基本情况见表 7-23。

表 7-23　东莞市 C 初级中学学生基本情况

姓名		性别		出生年月		相片 （学校盖章）
民族		籍贯				
户口所在地		联系电话				
家庭详细地址						
家庭主要成员	关系	姓名		工作单位		联系电话
有何特长						
何时何地受过何种奖励						
何时何地得过何种处分						
有何尚未撤销的处分						
学籍变动记录						
备注						

综合素质发展报告书见表 7-24。

表 7-24　东莞市 C 初级中学综合素质发展报告书

	项目	道德品质与公民素养	学习能力	实践能力	审美与表现能力	运动与健康状况	总评			
综合素质评定	等级									
	综合性评语									
学科成绩	学期	思想品德	语文	数学	英语	物理	化学	历史	地理	生物	体育与健康	音乐	美术	信息技术
	上学期													
	下学期													

续表

综合实践活动	项目	研究性学习		社会实践与社区服务		劳动与技术教育	
	总学时						
	等级						
爱好与特长							
考勤情况		事假	节	病假			节
		旷课	节	迟到或早退			节
备注							
奖惩情况							
自我评价					签名:		
班级评定小组意见					成员签名:		
学校评定委员会审核意见					签名:		

（四）评价分析

1. 评价内容的全面性与深度

东莞市 C 初级中学综合素质发展报告书在评价内容上已具备较好的基础，但仍有优化空间。

1）学生基本情况

东莞市 C 初级中学应保持现有信息的完整性，并增设"兴趣爱好"和"特长"栏目，以全面了解学生的个性特点，尊重学生的多元智能发展；引入自我认知评价，鼓励学生反思自己的兴趣、优势与成长需求。

2）综合素质发展报告

（1）除了学业成绩，东莞市 C 初级中学应增加对学习态度、学习方法、创新思维等维度的评价。

（2）除了体育成绩和健康状况，东莞市 C 初级中学应增加体育兴趣、锻炼习惯和运动技能的评价。

（3）东莞市 C 初级中学应评估学生的情绪管理、抗压能力和自我认知等心理健康指标；通过心理咨询、心理健康教育等方式，促进学生的心理健康发展，建立积极的自我认知。

2. 评价路径的优化与整合

（1）东莞市 C 初级中学应确保评价涵盖品行、学科、身体、心理、劳动技能、审美等多个维度，全面反映学生的综合素质。

（2）东莞市 C 初级中学应通过日常观察、课堂互动、作业反馈等方式，关注学生的学习过程、学习态度和参与度。

（3）东莞市 C 初级中学应总结学生的学习成果，如期末考试成绩、项目作品、艺术作品等，展示学生的综合能力和创造力。

（4）东莞市 C 初级中学应建立家校合作机制，鼓励家长参与评价过程，共同关注和支持学生的成长；通过家长会、家校联系册等方式，加强家校沟通，形成教育合力。

3. 评价方式方法的多样化

及时反馈评价结果，帮助学生明确改进方向，激发学生的积极性和自信心；设立成长档案，记录学生的成长轨迹和改进过程，为学生的个性化发展提供支持。

4. 评价技术的现代化与智能化

（1）东莞市 C 初级中学应开发或引入专门的信息化评价平台，实现评价数据的在线录入、存储、分析和反馈，提高评价的效率和准确性。

（2）东莞市 C 初级中学应利用大数据分析技术，对学生的综合素质数据进行深度挖掘和分析，发现潜在问题和改进方向，为教育教学提供科学依据。

5. 评价流程的规范化与有效性

（1）东莞市 C 初级中学应通过信息化评价平台、家长会等方式，及时向学生、家长和教师反馈评价结果，促进家校合作与沟通。

（2）东莞市 C 初级中学应根据评价结果，持续跟踪学生的综合素质发展情况，并提供个性化的指导和支持，帮助学生实现全面发展。

6. 丰富校本课程

（1）东莞市 C 初级中学应继续开发和完善创客课程、思政课程、体验课程等，增强课程的吸引力和实效性，满足学生的多元化学习需求。

（2）东莞市 C 初级中学应加强特色课程与学科拓展课程的整合，形成互补优势，提升课程的整体质量和效益。

（3）东莞市 C 初级中学应引入更多创新思维、科技和社会实践课程，提升学生的综合素养和创新能力，培养学生的未来竞争力。

7. 教师培训

东莞市 C 初级中学应定期组织教师参加评价技术培训，提高教师的评价能力和专业素养，确保评价的客观性和公正性。

二、揭阳市 R 初级中学的综合素质评价策略

（一）理念与目标

教育理念：悦享教育。

办学目标：打造成为区域内享有较高知名度的高品质学校。

培养目标：培养全面发展、个性成长、创新实践、社会责任、人文素养兼备，适应未来社会需求的高素质人才。

（二）课程体系

1. 指导思想

揭阳市 R 初级中学为全面贯彻党的教育方针，落实以"精实"文化为

核心的办学理念,以学生发展为本,坚持以课程改革为突破点,创建学校特色;以课程建设为载体,提高学科建设水平;以课程开发为抓手,促进教师专业发展;以课程实施为途径,满足学生个性发展需求;以"规范 + 特色"为原则,积极构建符合校情特点、满足学生需求的课程体系。

2. 总体目标

(1)严格三级课程管理。揭阳市 R 初级中学严格按国家规定,开足开全国家课程、地方课程和校本课程。配齐配足学科专任学科,提高各学科特别是音体美英等学科教师的专业对口率,以教师专业成长带动学生各学科核心素养的不断提高。

(2)构建"精实"课程体系,探索三级课程和学校文化的融合。揭阳市 R 初级中学以"精"为核心,构建以"精细"为主题的学科类拓展课程、以"精礼"为主题的德育类拓展课程、以"精技"为主题的社团活动类课程、以"精行"为主题的实践活动类课程、以"精展"为主题的全面展示类课程;使三级课程,在开发、实施、重构中,融入"精"的元素,最终实现"实"的育人目标。

(3)开展第二课程,为"精实"课程体系注入新动力。揭阳市 R 初级中学将继续加大投入,强化社团管理,根据学生需要,开设学生喜欢的社团;在活动中提高学生的动手能力、合作能力,提升综合素质,真正实现"生生有特长,人人都成长"的活动目标。

3. 具体措施

(1)基础课程是"精实"课程体系的核心,是每一个学生都需要掌握的课程。揭阳市 R 初级中学严格执行国家课程计划按标准排课,科学编排课程表、查课、统计课时量,保证开全课程,开足课程。

(2)揭阳市 R 初级中学构建"精实"课程体系,坚持"目标定学—问题导学—快乐教学"的原则,探索三级课程和学校文化的融合。

揭阳市 R 初级中学构建以"精细"为主题的学科拓展类课程,具体内容如下:

韵味语文课程重点培养学生的文化意识。揭阳市 R 初级中学把阅读课安排进功课表，保证三个年级学生都要到图书馆上阅读课，写读书笔记，开展手抄报比赛，以班级为单位开展读书分享会，重在踏踏实实打好汉文字基本功，把中华民族优秀的文化传统传承给学生，获得宝贵的人文教育的经历。

趣味数学学科重点关注教材内容的处理。揭阳市 R 初级中学设计适切有效的学习训练，关注教学活动设计，培养学生的思维方法，以"朴实、协作、共进"自勉，创新性地提出探索实践之后，开展以小组合作交流为主、"课堂七步活动设计"为特点的数学活动，并对作业设计进行策略研究，提升教学效能，促进学生发展。比如，开展数学图形剪纸活动，培养学生对数学的探索能力，提高学生学习数学的兴趣，有效提高教学效果，使学生真正成为课堂的主人。

交际英语学科培养学生跨文化意识和交际能力，培养学生在语境中学习运用语言的能力。揭阳市 R 初级中学开展班级英语交际小达人，英语角等活动，使学生充分运用语言。

开展以"精礼"为主题的德育拓展类课程。揭阳市 R 初级中学德育处利用各种节日，引导学生将课程内容内化为自觉行动。例如，学校在利用节庆活动引导学生体验和感受相关节日中蕴含的民族文化和革命传统的同时，还注重带动全体学生自觉参与有益的社会实践活动。比如在妇女节、教师节、母亲节等节日，揭阳市 R 初级中学会进行感恩教育，鼓励学生为师长、父母做一些有意义的事。同时也会定期组织学生参加社区公益活动。

（三）综合素质评价内容

揭阳市 R 初级中学品行素质评价见表 7-25。

表 7-25　揭阳市 R 初级中学品行素质评价

项目	序号	基本要求	分值	自评	评定
学校要求	1	尊敬国旗、国歌；热爱祖国，关心国家大事，崇敬杰出人物	5		
	2	尊敬师长，自觉接受老师教导；团结同学，不骂人，不打架，文明待人	10		
	3	自觉遵守学校各项规章制度，组织纪律性强；按时到校，不迟到、不旷课、不早退	10		
	4	热爱班集体，珍惜集体荣誉，积极参加各种有益文娱体育活动；爱护公物，认真做好值日工作	5		
	5	课堂专心听讲，勤于思考，主动回答问题，认真完成作业，考试不作弊	10		
	6	积极参加第二课堂活动，兴趣、爱好广泛持久，有创新精神和创造能力	5		
社会要求	7	自觉遵守社会公德，遵守公共秩序，不吸烟，不喝酒，不随地吐痰，不乱扔垃圾	5		
	8	注意安全，遵守交通规则，不玩火，不做危险游戏，学会保护自己和保护他人	5		
	9	不进电子游戏机室等娱乐场所，不沉迷电视，不看黄色书刊、影视，不赌博，不参加封建迷信活动	15		
	10	尊重他人，对人有礼貌，慎重交友，助人为乐，敢于同坏人坏事斗争	5		
家庭要求	11	关心、尊重、理解父母，听从长辈教导，主动与父母交流学习生活情况	5		
	12	按时作息，生活有规律，有良好生活习惯；不挑吃、穿，衣着整洁大方，勤俭朴素，不乱花钱	5		
	13	积极帮助父母做力所能及的家务劳动；有较强的生活自理能力和应变能力	5		
	14	自觉温习功课，多看有益图书、报刊；能自制学具、玩具	5		
	15	诚实、谦虚，不说谎话，有错认错，知错能改	5		
加分项		做好事受学校公开表扬一次奖 2 分			
		所在班级"四赛"列学校第一名奖 2 分			
合计		评定品行等级：	100		
班主任寄语		年　月　日	家长或监护人意见		年　月　日

揭阳市 R 初级中学综合素质评价见表 7-26。

表 7-26　揭阳市 R 初级中学综合素质评价

一、品行素质			
基本要求	在期中、期末评价基础上评定。两次评定总分除以 2 若得分 90 分及以上评为"优"，80 分至不足 90 分评为"良"，60 分至不足 80 分评为"中"，60 分以下评为"差"	学期评定	

二、身体素质						
身体状况	身高	cm	肺活量	ml	视力	左：
	体重	kg	血压	kpa		右：
	胸围	cm	肝功能		龋齿	＋
	脉搏		既往病史		患病记录	
体锻情况	优秀	达标	未达标	体育获奖纪录		
卫生保健	掌握一定的卫生知识，有良好的个人卫生习惯和保健意识 优□　　良□　　中□　　差□					

三、心理素质	
基本要求	有良好的个性，适应能力强；兴趣广泛，乐观开朗；能与他人融洽相处，有合作精神；不怕困难，有坚强毅力和意志；有自信心，上进心 优□　　良□　　中□　　差□

四、劳动技能素质	
基本要求	有较强的生活自理能力，有正确的劳动习惯和劳动态度；积极参加社会化劳动实践，动手能力强，能自己制作工艺品；珍惜自己和他人的劳动成果，有一定劳动技能 优□　　良□　　中□　　差□

五、审美素质	
基本要求	衣着整洁大方得体；能欣赏一切美的东西，对美丑有辨别能力；具有对美的创造和表达能力，培养爱美情操和健康情趣，对艺术类活动有浓厚兴趣 优□　　良□　　中□　　差□

六、学科素质							
学科	平时	期末	总评	学科	平时	期末	总评
思想品德							
语文							
数学（代/几）							
英语							
物理							
化学							
历史							
地理							

续表

奖惩记录						
考勤情况	病假	节	事假	节	旷课	节
班主任评语			签章:	年	月	日
家长或监护人留言			签章:	年	月	日
备注						
附言	本学期于　　年　　月　　日结束 下学期于　　年　　月　　日开学上课					

（四）评价分析

1. 评价内容的全面性

揭阳市 R 初级中学依据多元智能理论，使其综合素质评价全面覆盖学生的多元发展领域，具体如下。

（1）融合建构主义理念，通过参与学校活动、社区服务及团队合作，评价学生的道德认知、社会责任感和领导力。

（2）结合大数据分析学生的体质测试数据、运动习惯和体育成绩，定制个性化健康提升计划。

（3）运用人本主义教育理论，通过自我反思日记、心理辅导及同伴评价，关注学生情绪管理、自我意识和人际沟通能力。

（4）结合社会交往理论，通过项目式学习、社会实践活动，评估学生的创新思维、问题解决能力和团队协作能力。

（5）鼓励学生参与艺术创作与欣赏，通过作品集展示、艺术表演等形式，评价其审美表达和文化理解。

（6）运用 CIPP 理论（背景评价、输入评价、过程评价、成果评价），多维度评估学生在各学科的知识掌握、批判性思维和创新能力。

2. 评价路径

揭阳市 R 初级中学评价路径强调参与、共同构建和情境性，具体如下。

（1）基于第四代评价理论的响应式评价模式，强调评价是一个多方参与、协商的过程，确保评价的全面性和情境性。

（2）自我评价与同伴、教师、家长评价相结合。

3. 评价方式方法

（1）揭阳市 R 初级中学利用 AI 算法对品行、身体素质等进行量化分析，同时结合自然语言处理技术，对心理素质、审美等进行深度定性描述。

（2）揭阳市 R 初级中学构建基于区块链的评价系统，确保评价数据的不可篡改性，同时让所有参与者都能实时跟踪评价进展，增强评价的信任度和有效性。

4. 评价技术

（1）揭阳市 R 初级中学整合学校信息系统，自动收集学生日常学习、活动参与等数据，实现评价的自动化和智能化。

（2）揭阳市 R 初级中学运用机器学习算法，对海量数据进行深度挖掘，识别学生发展模式，预测未来成长路径，为个性化教育提供支持。

5. 评价流程

（1）揭阳市 R 初级中学通过可穿戴设备、在线学习平台等多渠道收集数据。

（2）揭阳市 R 初级中学运用 AI 技术进行数据清洗、分析和解读，生成个性化评价报告。

（3）揭阳市 R 初级中学通过智能推送系统，向学生、教师和家长提供即时、个性化的反馈。

（4）揭阳市 R 初级中学基于评价结果，AI 助手为学生制定个性化成长计划，并持续跟踪调整，形成闭环评价循环。

6. 预期效果

（1）揭阳市 R 初级中学通过智能化评价，精准定位每位学生的优势与待提升领域，支持个性化学习路径规划。

（2）揭阳市 R 初级中学利用数字平台，加强家校沟通，鼓励社区参与，共同促进学生全面发展。

（3）揭阳市 R 初级中学通过大数据和 AI 技术，缩小教育资源差距，提升整体教育质量，促进教育公平。

7. 在欠发达地区中学的校本评价策略建议

（1）结合学校实际情况，制定符合地方特色的评价目标，强调实践能力和社会适应能力的培养。

（2）利用现有资源，如移动设备、地方文化资源，创新评价方式，如移动学习评价、社区服务项目评价等。

（3）建立由校领导、教师、家长和学生代表组成的评价管理委员会，利用大数据平台进行高效管理和监督。

（4）建立评价结果的应用机制，如设立奖学金、个性化辅导计划等，同时定期评估评价体系的成效，进行必要的调整和优化。

8. 改进意见

1）揭阳市 R 初级中学在校本课程建设中亟待改进的方面

（1）评价体系亟待完善。目前，揭阳市 R 初级中学校本课程评价体系过于偏重学业成绩，而忽略了对学生在德育、社会实践、艺术素养以及身心健康等多方面的综合素质评价。这种单一的评价方式难以全面反映学生的真实能力和发展潜力。

（2）课程内容单调且缺乏深度。揭阳市 R 初级中学现有的校本课程内容主要集中在学科知识的拓展上，而对于培养学生的创新能力、实践技能以及社会责任感等方面则显得力不从心。这种课程内容设置无法满足学生全面发展的需求。

（3）跨学科融合度不足。当前，揭阳市 R 初级中学校本课程之间缺乏有效的跨学科整合，未能充分发挥各学科的优势以及培养学生的综合素养和跨学科解决问题的能力。这种状况限制了学生思维的广度和深度，不利于其全面发展。

（4）个性化发展支持匮乏。揭阳市 R 初级中学校本课程在设计和实施过程中未能充分考虑学生的个性化需求，缺乏针对不同学生特点和兴趣的课程选项，这导致学生无法在课程中找到真正适合自己的发展方向，个性化发展受到制约。

（5）家校社共育机制亟待加强。揭阳市 R 初级中学在校本课程实施过程中，学校与家庭、社区之间的合作显得不够紧密，未能形成有效的家校社共育氛围，这影响课程的实施效果，也不利于学生综合素质的全面提升。

2）全面提升校本课程对综合素质评价的支撑力度

（1）构建科学全面的评价体系。建立涵盖学业成绩、德育表现、社会实践、艺术素养以及身心健康等多个维度的综合素质评价体系，确保评价的科学性和全面性；同时，采用过程性评价与终结性评价相结合的方式，全方位关注学生在课程学习过程中的表现、进步和成就。

（2）丰富课程内容，提升课程品质。在校本课程中增加创新实践、社会实践、艺术欣赏以及身心健康等方面的内容，以培养学生的创新精神、实践能力、艺术素养和健康的身心状态；同时，开发多样化的课程选项，满足不同学生的兴趣和需求，为学生的个性化发展提供有力支持。

（3）推进跨学科融合，培养复合型人才。鼓励并推进跨学科的校本课程开发，通过项目式学习、主题探究等多元化的教学方式，整合不同学科的知识和技能，从而培养学生的综合素养和跨学科解决问题的能力，这将有助于学生在未来社会中更好地适应和应对各种挑战。

（4）关注学生个性化发展，提供定制化课程服务。建立学生个性化发展档案，深入了解学生的兴趣爱好、特长以及学习风格等信息，为校本课程开发提供有力的数据支持，同时，尽可能提供个性化的课程选择和学习路径，以满足不同学生的独特需求，促进每个学生的全面发展。

（5）加强家校社合作，形成共育合力。积极与家长和社区建立紧密的合作关系，共同参与到校本课程的设计和实施过程中；通过定期开展家校共育活动，如家长课堂、社区服务等，增强学生的社会责任感和实践能力，同时也为校本课程的建设提供更为广阔的资源和支持。

（6）建立持续改进机制，确保课程动态优化。建立校本课程的反馈和持续改进机制，定期收集并整理学生、教师、家长以及社区等各方面的意见和建议，对课程内容和评价方式进行及时调整和优化；同时，密切关注教育政策和课程标准的最新动态，确保校本课程始终保持在行业前沿，为综合素质评价提供有力支撑。

第八章　综合素质评价的设计与校本实践探索

第一节　综合素质评价的顶层设计

一、评价原因

综合素质评价的原因应体现落实国家教育方针的总体要求，推动学生全面发展和个性成长，为新时代人才培养目标服务。

改变传统单一的评价方式：传统教育评价往往以学科成绩为唯一标准，忽视了对学生思想品德、实践能力、创新精神等的综合考量。综合素质评价通过多元化的评价体系，注重学生的全面表现，推动素质教育从理念走向实践。

服务培养德智体美劳全面发展的育人目标：义务教育阶段是学生全面发展的基础阶段。综合素质评价通过关注学生德智体美劳等方面表现，为实现"立德树人"根本任务提供抓手，帮助学生形成全面发展、协调发展的素质结构。

强调个性化成长与差异化发展：教育需要尊重学生的个体化差异。综合素质评价通过记录学生的日常表现和成长轨迹，关注学生的兴趣、特长和潜能，为其个性化成长提供支持，引导学生发现和发展自我优势。

提供教育改进与决策参考：综合素质评价不仅是学生发展的重要记录，也是学校教学质量分析的重要依据。通过综合评价数据，学校可以优化教育方案，家长可以调整家庭教育方式，社会可以更好地支持学生成长，形成全社会关注教育的良好氛围。

培养学生的社会适应能力与核心素养：综合素质评价注重学生的社会责任意识、劳动精神、创新能力和解决问题的能力，帮助学生在掌握学科知识的同时，形成良好的社会适应能力和面向未来的核心素养，适应新时代的发展需求。

二、评价内容

评价内容以立德树人为根本任务，以五育并举为基本框架，涵盖学生成长的关键领域，并体现学生核心素养的内涵。

思想品德：评价学生的价值观念、社会责任感、道德品质和行为习惯，重点关注学生在日常生活和集体活动中的道德实践。例如，是否尊敬师长、遵守纪律、关爱同学、热心公益，是否具有爱国意识和集体荣誉感。

学业发展：不仅评价学生对基础知识和学科能力的掌握情况，还注重学习的过程性表现，如学习态度、探究精神、合作能力和创新意识。例如，是否具有较强的学科理解能力，是否主动参与学习活动，是否能提出创造性见解。

身心健康：评价学生的身体素质、心理健康状况和运动技能。重点关注学生是否积极参加体育活动，是否具有健康生活的意识和技能，以及在面对困难时的心理调适能力。

艺术素养：评价学生的审美能力、艺术表现力和艺术欣赏能力。关注学生是否积极参与艺术教育活动，是否具有一定的艺术技能和审美素养，如音乐、舞蹈、绘画等方面的兴趣和表现。

社会实践与劳动教育：评价学生参与社会实践、志愿服务、劳动教育等活动的表现，重点考察其动手实践能力、创新精神以及团队合作能力。

例如，是否能在实践中解决实际问题，是否具有劳动意识和劳动技能，是否能与他人协调合作。

三、评价人员

综合素质评价需要多主体参与，确保评价的全面性、公正性和客观性。

学校教师：教师是综合素质评价的重要组织者，也是学生日常表现的主要观察者，负责学生学业发展、课堂行为及思想品德等方面的评价。教师应以客观事实为依据，注重评价的过程性和发展性。

学生本人：学生自评是培养反思能力的重要环节。通过自我记录和总结，学生可以更好地认识自我、规划未来，增强主动发展的意识和能力。

同伴同学：同伴互评主要关注学生在集体中的合作精神、沟通能力和同伴关系等表现，通过同学间的观察和反馈，补充教师视角的不足。

学生家长：家长评价主要提供学生在家庭生活和社会环境中的表现信息，为学校了解学生的综合素质提供必要补充。同时，家长的参与也有助于形成家校共育的良性互动。

社会第三方与校外实践指导人员：包括社会实践基地、志愿服务机构等相关人员，这些人员能够为学生在社会实践、志愿活动和劳动教育中的表现提供客观评价。同时，教育专家可参与评价体系的设计和过程的监督，确保评价的科学性和专业性。

四、评价方法

结合义务教育阶段的实际情况，综合素质评价的实施需要多元化的方法支持。

成长记录袋评价：通过学生成长记录袋（如作品、活动记录、获奖证书等）系统性地记录学生的发展过程，关注学生的点滴进步和成长轨迹。

观察记录法：教师、家长或同伴通过日常观察，记录学生在学习、活动和生活中的真实表现，如课堂参与度、团队协作表现等。

自评与互评：学生通过自我评价与同伴互评反思成长，既能培养自我认识能力，又能促进学生之间的互动和理解。

面谈与问卷调查：通过与学生、家长的面谈和问卷调查，深入了解学生的思想动态、兴趣爱好和行为习惯。

实践项目评价：通过社会实践、综合实践项目等活动，评价学生的动手能力、解决问题的能力、创新意识等。

信息技术支持的动态评价：利用学生成长档案信息化平台，记录和分析学生的数据，实现基于大数据的动态评价和个性化反馈。

五、评级原则

综合素质评价必须遵守以下原则，以确保评价的科学性和促进学生的成长。

全面性原则：评价覆盖学生德智体美劳全面发展的各个维度，避免评价内容的片面化。

发展性原则：关注学生的成长过程和进步幅度，而非仅仅基于某一时点的表现做出评价。

客观性与科学性原则：评价以事实为依据，充分利用多源数据，确保评价的公正和科学性，避免主观偏见。

个性化原则：尊重学生的个性和差异，关注学生的潜力和特长发展，避免"一刀切"的评价标准。

激励性原则：评价结果应具有正向引导作用，激励学生不断提升自我，同时增强自信心。

综合参与原则：鼓励学生、家长、教师和社会多方参与，形成评价的全面性和透明度。

六、保障措施

全面落实综合素质评价需要从制度、技术和实践等多方面提供保障。

制度保障：建立科学的评价管理体系，明确评价的标准、内容和实施流程，确保评价操作规范化。

信息化支撑：利用全国统一的综合素质评价信息管理平台结合地方实际和学校情况，全面记录、分析学生的成长数据，实现动态管理和科学评价。

专业培训与指导：定期开展教师、学生、家长和第三方评价人员的专业培训，确保评价主体熟悉操作流程，提升评价的专业水平。

家校协同与社会参与：加强家校合作，整合社会资源，如志愿服务平台和劳动实践基地，为学生提供更多实践机会。

监督与反馈机制：建立完善的监督机制，确保评价过程公平、公正、透明。同时，及时将评价结果反馈给学生和家长，形成持续改进的正向循环。

第二节 构建综合素质评价的校本策略

一、厘清综合素质评价与办学目标、培养目标、校本课程之间的内在联系

办学目标指引培养方向，培养目标决定课程设置，校本课程实现个性化培养，校本评价反馈教学效果。这四者相互关联，共同构成学校教育体系。

（一）综合素质评价与办学目标的内在契合

办学目标，作为学校发展的总纲领和教育教学活动的指南针，其确立与践行对于学校整体进步具有重要意义。综合素质评价，作为衡量学生全面发展水平的重要手段，必须紧密围绕办学目标展开。具体而言，综合素质评价的各项指标、评价方法及内容设计，均需以办学目标为根本依据，确保办学目标在评价过程中得到充分体现。通过实施综合素质评价，学校不仅能够系统地检验办学目标的实现程度，更能及时发现并纠正目标实施过程中的偏差，从而保障学校能够沿着既定的办学目标稳健前行。

（二）综合素质评价与培养目标的深度融合

培养目标，详细描绘了学校对学生个体在知识、技能、素养等多方面的期望与要求。为实现这一目标，综合素质评价需发挥其独特的诊断与发展功能。一方面，综合素质评价应以培养目标为基准，构建科学、全面的评价体系，客观、准确地反映学生在各领域的实际发展水平。另一方面，评价结果需及时、有效地反馈给教师与学生，为他们提供有针对性的改进建议，助力教学策略与学习方法的优化。通过这种深度融合，综合素质评价成为推动学生全面发展、达成培养目标的重要抓手。

（三）综合素质评价与校本课程的协同发展

校本课程，作为学校依据自身地域特色、文化传统及学生需求等要素自主开发的课程，其灵活性与针对性为学生个性化学习提供了广阔空间。综合素质评价与校本课程的紧密结合，能够形成有力的反馈与调整机制。通过评价学生在校本课程中的实际表现，学校可以深入检验课程的实施效果，发掘课程中的优势与不足；同时，根据综合素质评价结果，可对校本课程进行动态调整与优化，确保其更加契合学生的真实需求与发展趋势。这种协同发展模式，不仅提升了校本课程的品质与实效性，也为学生的全面发展提供了更为坚实的课程支撑。

二、在评价策略上凸显以校为本的特色

（一）结合校情，构建切实可行的评价标准体系

学校应根据自身实际情况，综合考虑学生特征、教师素养、教学条件以及家长参与程度等多重因素，制定出一套既符合国家教育政策与新课程标准要求，又能充分展现学校特色的综合素质评价标准。这一过程中，应广泛吸纳教师、学生、家长及社区等各方意见，确保评价标准的科学性、可操作性和针对性，从而能够真实、全面地反映学生的综合素质发展状况。

（二）推行多元化的评价方式与方法，实现全面评价

为更全面地揭示学生的综合素质，学校应采用多元化的评价方式，如将定量评价与定性评价有机结合，过程性评价和终结性评价相互补充，同时协调自我评价与他人评价（如教师评价、同伴互评和家长评价）的评价方式。这种多元化的评价方式能够更深入地揭示学生的学习状态与发展轨迹，进而有效激发学生的学习积极性和全面发展潜能。

（三）积极引入新兴评价技术，提升评价效能与准确性

随着信息技术的不断发展，大数据分析、人工智能等新兴技术为综合素质评价带来了新的机遇。学校应积极探索并引入这些先进技术，将其应用于评价过程中，以提高评价的效能和准确性。例如，可以利用大数据分析技术深度挖掘学生的学习数据，为实施个性化教育提供科学依据；同时，也应根据自身实际条件，逐步推进评价技术的更新升级，确保评价工作与时俱进。

（四）强化评价结果的及时反馈与有效应用机制

综合素质评价结果的及时反馈和有效应用，对于促进学生全面发展具有重要意义。学校应确保评价结果能够准确、及时地反馈给相关各方，包括学生、教师、家长等，以便他们全面了解学生的发展状况，并据此明确改进方向；同时，还应根据评价结果对办学目标、培养目标和校本课程进行动态调整与优化，以更好地适应学生的发展需求。在反馈和应用评价结果时，学校还应高度重视学生隐私保护，确保整个评价过程的公正性、透明性和公平性。

三、加强校本评价的日常管理与实施保障

（一）确立明晰的评价目标与原则，奠定评价工作的坚实基础

明确符合学校特色和学生全面发展需求的评价目标，是综合素质评价

工作得以有序开展的先决条件。这些目标应全面覆盖学业成就、道德品质、身心健康等核心领域,并始终贯彻公平、公正的原则,确保每一位学生在评价过程中都能得到平等的对待和机会。例如,通过建立学生综合素质发展档案袋,系统记录学生的学习成果、活动参与、社会实践等多元化信息,为全面评价提供翔实的数据支撑。

(二)构建科学完善的评价体系,保障评价内容的全面性与方法的科学性

一个健全的评价体系应当包含多个维度,如道德品质、知识技能、身心健康等,并采用量化评价与质性评价相结合的方式,以全面、客观地评估学生的综合素质;同时,注重将日常表现与定期考核有机结合,确保所收集的评价数据真实可靠,从而有效提高评价结果的精准度。

(三)推动多元主体参与评价,提升评价结果的客观性与公信力

积极引导学生、同伴、教师及家长等多方主体共同参与评价过程,从多个视角全面揭示学生的发展状况,进一步增强评价结果的客观性和可信度。在此过程中,各参与主体应明确各自职责,形成协调互补的工作机制,共同为学生的全面发展提供有力支持。

(四)建立健全的结果反馈与持续改进机制,促进学生持续进步

及时将评价结果反馈给学生及相关人员,并针对存在的问题提出具体可行的改进建议,是推动学生不断进步和发展的关键环节。同时,通过建立跟踪辅导机制,对特定需求的学生提供个性化的支持和帮助,确保每一位学生都能在全面发展中不掉队。

(五)充分利用信息技术手段,提升评价工作的效率与准确性

在条件成熟的情况下,学校应积极引入电子化评价系统,并运用大数据分析等先进技术手段,对学生的综合素质信息进行深入挖掘和分析,为

实施个性化教育提供更为精准的数据支持。在此过程中，学校还需特别加强信息技术在评价过程中的安全性和保密性管理，切实保障学生信息的安全不被侵犯。

（六）加强教师培训与支持体系建设，提升教师的评价能力

学校应定期组织教师参加评价领域的专业培训活动，不断提高他们的理论素养和实践操作能力，是确保综合素质评价工作得以有效实施的重要举措；同时，通过建立教师间的交流平台，鼓励他们分享成功经验、相互学习借鉴，推动评价水平的提升。

（七）深化家校合作与共同参与，形成强大的教育合力

通过加强家校之间的沟通与协作，让家长更加深入地了解学校的评价理念和方法体系，并积极引导他们参与到孩子的评价过程中来。这种家校共育的模式有助于双方共同关注孩子的成长轨迹和进步情况，及时发现并解决问题，从而形成强大的教育合力，为孩子的全面发展保驾护航。

第三节 校本评价策略实施中遇到的挑战

义务教育学生综合素质评价作为教育改革的重要组成部分，旨在全面、科学地评估学生的多方面素质和能力。然而，通过大量调查以及对评价手册的详细分析，发现义务教育学生综合素质评价面临着多方面的挑战。

一、硬件设施的薄弱

硬件基础设施是开展综合素质评价不可或缺的物质支撑。目前，虽然众多学校已配备基础计算机和多媒体设备，但在部分经济发展相对落后的地区，学校的硬件设施仍显薄弱，难以有效支撑综合素质评价体系的运行。这种硬件短缺不仅限制了评价手段的多元化发展，还影响到评价数据的精

确性，从而对评价结果的全面性和客观性构成了挑战。

二、网络环境的制约

稳定的网络环境对于综合素质评价中的数据传递和信息共享至关重要。然而，部分学校在网络环境中存在不稳定、低速及安全隐患等问题。这些问题不仅威胁到评价数据的安全存储与高效传输，还降低了评价工作的整体效率和准确性。此外，确保网络环境中的数据安全与私密性，防止敏感信息外泄，亦是当前面临的重要挑战。

三、理论体系的不足

综合素质评价的实施亟需成熟的理论体系作为指导。目前，在综合素质评价的理论探讨上仍存在不够深入的问题，评价观念、标准及方法等方面存在较大争议。这种理论上的不足导致评价实践缺乏明晰的方向和根基，进而影响了评价结果的可靠性和实用性。

四、应用能力的不足

随着科技的进步，教育技术在综合素质评价中的作用日益凸显。然而，教育技术的迅速更新对教师提出了更高的要求。尽管一些经济发达地区的教育技术资源相对丰富，但许多中小学仍未能有效利用信息技术进行评价。教师需不断学习和掌握新的教育技术，如大数据分析、人工智能等，以适应评价工作的要求；需不断更新评价观念，提升技术应用能力，以应对评价标准和方式的变革。

五、家长参与度不高

在综合素质评价中，家长的参与至关重要。但现实中，家长的有效参与程度并不高。部分家长对综合素质评价的理念和操作方式缺乏了解，导致难以有效参与评价过程。同时，由于时间和精力的限制，家长往往难以全程参与评价工作。此类因素影响了评价结果的全面性和准确性，也限制了家长在评价过程中的积极作用。

六、社会支持度不够

综合素质评价的顺利推行离不开社会的广泛支持。目前，社会对这一评价机制的理解和支持程度还不够。由于缺乏对综合素质评价理念和意义的深入了解，社会难以形成广泛的共识和支持氛围。同时，社会资源的匮乏，如专业评价机构和人才缺少、资金和物质支持不足，制约了综合素质评价的开展，难以达到预期效果。

七、缺乏统一的平台

当前，缺乏一个统一、高效的平台来支撑综合素质评价的实施是一个显著问题。虽然个性化评价是学校所追求的，但缺乏一个能够兼顾学校个性化需求的公共性评价平台，增加了评价工作的复杂性和难度。由于技术、资金和人力资源的限制，学校往往无法进行这样一个平台的开发，这成为推进综合素质评价过程中的一大难题。

八、使用结果的受限

许多学校在评价结果的运用上存在不足，如评价与教学脱节、评价结果未能得到有效反馈等。教育成果的显现可能是及时的，也可能是延时的，尤其在人的情感、态度、价值观等方面。教育部门在制定教育评价指标时，应综合考虑显性和隐性的教育成果，避免过度依赖可测量的结果，提升评价的全面性和多样性。

第四节　校本评价策略实施中的解困对策

面对义务教育学生综合素质评价在实施过程中遇到的诸多挑战，需要采取切实有效的对策来确保评价工作的顺利开展。

一、加强硬件设施建设

针对部分学校硬件设施不足的问题，各级教育部门应进一步增加教育投入，特别关注经济欠发达地区和偏远地区的学校，给予这些学校必要的资金支持和政策倾斜。学校应利用这些资金，采购先进的计算机、多媒体设备以及其他评价工具，从而有效提升硬件设施水平，为开展综合素质评价提供坚实的物质基础。同时，学校也应积极寻求与企业、社会组织等外部力量的合作，共同推动硬件设施的建设和更新，确保评价工作能够顺利进行。

二、优化网络环境

面对网络环境不稳定、传输速度慢及存在安全隐患等问题，学校应与网络服务提供商和相关部门密切合作，共同推进校园网络环境的优化和升级，这包括提升网络带宽、增强网络设备的稳定性和安全性、建立完善的网络安全防护体系等。此外，学校还应定期开展网络安全教育和培训，提升师生的网络安全意识和操作技能，确保综合素质评价数据的安全存储与高效传输。

三、深化评价理论研究

针对当前评价理论体系尚不完善的问题，教育部门应组织专家团队，深入开展综合素质评价的理论研究与实践探索。通过明确评价目标、制定科学的评价标准和方法、构建系统的评价体系，为实践提供坚实的理论支撑。同时，鼓励一线教师积极参与评价理论的实践应用与经验总结，不断完善和优化评价体系，推动综合素质评价向更加科学和规范的方向发展。

四、提升教师教育技术应用能力

随着教育技术的快速发展，学校应加大力度培养教师的教育技术应用能力。通过举办专题培训、组织教学研讨活动、搭建教师交流平台等多种方式，帮助教师熟练掌握大数据分析、人工智能等先进技术，并将其有效应用于学生评价工作中。同时，学校也应积极引进和开发符合本校实际需求的教育技术工具和平台，为教师提供便捷高效的评价支持。

五、强化家长参与机制

针对家长参与度不高的问题，学校应采取多种措施加强与家长的沟通与合作。通过定期召开家长会、发放家校联系手册、利用线上交流平台等方式，向家长深入宣传综合素质评价的意义和方法，增强家长的参与意识和能力。同时，合理安排评价时间和方式，以减轻家长的负担并鼓励其积极参与评价过程。此外，学校应建立有效的家长反馈机制，及时收集并响应家长的意见和建议，不断改进和优化评价工作。

六、争取广泛的社会支持

为了获得更广泛的社会认可和支持，教育部门应通过多种渠道加大对综合素质评价的宣传力度。利用媒体平台向社会公众普及评价的重要性和意义，提高社会对评价工作的认知度和认可度。此外，还可以建立专业的评价机构和队伍，提供科学客观的评价服务以增强社会对综合素质评价的信任度和满意度。

七、建立统一平台

针对目前缺乏统一评价平台的问题，教育部门应牵头组织建立全国或区域性的综合素质评价统一平台。该平台应具备全面的数据收集、存储、分析、呈现及共享功能，既能满足各学校的个性化需求，又能实现跨校区的评价数据交流与对比。统一平台的建立和应用，可以有效降低评价工作的复杂性和难度，提高工作效率和准确性，有助于更全面地了解学生的综合素质发展状况并为教育教学改进提供有力支持。

八、完善评价结果运行机制

针对评价结果运用不充分的问题，学校应建立完善的评价结果运行机制，以确保评价与教学紧密结合并发挥其在指导学生个性化发展和教学改进方面的重要作用。学校应将评价结果及时反馈给教师和学生，以便他们了解自身表现并明确改进方向；加强对评价结果的分析和解读能力培训，以提高教师对结果的准确理解和有效应用能力；探索多样化的结果呈现方式，如报告卡、成长记录袋以及数字化档案等，以便更全面地展示学生的成长过程和成果。同时，学校还应积极与高校、用人单位等外部机构进行沟通与合作，推动评价结果在升学就业等方面的广泛应用，提升其社会认可度和影响力。

第九章 研究结论与发展趋势

第一节 研究结论

第一，综合素质评价旨在为学生提供全面、科学和公正的评价体系。

基于校本的综合素质评价，其核心在于体现"以生为本""以校为本"和"以评价促发展"的理念。

以生为本的评价体系强调尊重学生的个体差异，关注学生的全面发展，不仅局限于学业成绩，更重视学生的创新能力、实践能力、情感态度与价值观等多方面素质。这种评价方式通过多元化的评价手段，如观察记录、作品展示、自我反思等，深入了解学生的真实状态和发展需求，从而为学生提供更加个性化的教育支持。

以校为本的评价体系则要求学校根据自身实际情况和教育理念，制定符合本校学生特点的评价标准和实施方案，这不仅有助于学校形成特色化的教育模式，还能提高评价的针对性和有效性。通过校本化的综合素质评价，学校能够更加精准地把握学生的成长轨迹，为学生提供更加贴合实际的教育资源和发展机会。

综合素质评价不仅是对学生个体的评价，也是对学校整体教育质量和教育效果的评估。通过评价结果的反馈和分析，学校可以及时调整教育策略，优化教育资源配置，从而提升整体教育质量。

第二，大数据在综合素质评价中的应用及 AI 技术的赋能作用日益明显。

大数据技术的引入使综合素质评价过程更加高效、准确。通过实时跟踪学生的成长动态，大数据为教育决策提供了有力支持。大数据技术的应用还有助于发现学生发展的规律和趋势，为学校和教师提供更加精准的教育指导。

AI 技术在数据处理、模式识别、预测分析等方面展现出强大能力，为综合素质评价提供了更多可能性。通过 AI 技术的辅助，评价过程可以更加智能化、自动化，提高评价的效率和准确性。学校要充分发挥这些技术的优势，需要对其功能、应用方法和最佳实践有深入的了解，同时提升多元评价主体运用 AI 技术的能力也是关键所在。

智能化测评在带来便利的同时，也面临着数据质量、算法透明度等挑战。因此，未来的研究应致力于优化 AI 技术，确保其在教育评价中的合理应用。同时，需要关注如何保障学生隐私和数据安全，以及如何解决数据质量问题，提升评价结果的可靠性和有效性。

第三，无法使用现代信息技术的学校，其综合素质评价的实施面临一定困难。

地方政府应加大投入力度，改善学校的硬件设施和软件环境，为实施综合素质评价提供必要的物质基础，这包括提供必要的计算机设备、网络设施以及评价软件等。

教育主管部门通过定期的培训活动，提升教师对综合素质评价理念和方法的认识与理解，这有助于提升他们实施评价的能力和水平，确保评价工作的有效开展。

学校应积极动员家长和社会的参与，形成多元化的评价体系。家长作为学生成长的重要陪伴者，他们的参与能够更全面地反映学生的家庭表现和社会实践情况；而社会的支持则有助于学校拓展评价资源，提供更多的评价机会和平台。通过这些措施的实施，学校即便在无法使用现代信息技术的条件下，也能有效地开展综合素质评价工作。

第二节 发展趋势

一、坚定践行立德树人根本使命

立德树人是衡量学校教育质量的首要标尺，深刻体现了教育的本质与核心。遵循《义务教育质量评价指南》的指导思想，各级各类学校必须将立德树人作为评价体系的基石，全面完善各级学校的评价机制，这要求教育者坚决贯彻党的全面领导，坚守正确的教育方向，强化并优化学校思想政治工作与意识形态建设，确保依法治校，维护校园的安全与稳定。这些要素将作为评价学校及其领导团队、管理团队的关键指标。同时，学校必须建立健全校内质量保障体系，坚决纠正过分偏重智育、忽视德育，以及过分追求分数、轻视综合素质等偏颇做法，从而确保学生的身心健康与全面发展得到真正实现。

在中小学评价实践中，应特别关注义务教育学校在促进学生全面发展、保障学生平等权益、引领教师专业成长、提升教育教学水平、营造和谐育人环境、建设现代学校制度等方面的实际成效。同时，要密切关注学生的学业负担和社会满意度，实现过程性评价与终结性评价、自我评价与他人评价等多种评价方式的有机整合，以全面、客观地反映学校教育的实际质量。

二、教育评价紧密围绕教育本体展开

教育评价的核心应始终聚焦于教育本体，即学生的全面发展。在实际操作中，评价者应从评价对象的本质特征出发，科学制定评价标准，并选择恰当的评价工具和方法。教育评价的根本目的在于帮助评价对象充分实现其潜在价值，或更好地履行其教育职责，而非仅仅满足外部的排序和控制需求。因此，各级各类教育评价必须回归教育本体，特别是要关注学生本身的发展需求。针对不同类型的评价对象，制定符合其特性的评价标准

显得尤为关键，以确保评价的准确性和有效性。

三、评价主体多元化与互动化

教育评价不应再是教育者和行政管理者的单向行为，而应积极吸纳学生、家长等多元主体的参与。未来的评价将更加注重师生间的互动与交流，充分发挥学生的主体作用，以评价为纽带，推动学生、教师及学校的共同发展与进步。

四、评价内容全面化与多元化

评价内容应在关注学习成绩的同时，纳入学生日常表现的评价，包括学习过程中的态度、努力程度、合作精神等，以及道德品质和健康状况的综合评定。同时，提倡采用档案袋评价法、口头评价等多种方式，以全面反映学生的综合素质。

五、评价方式灵活化与多样化

未来的评价方式将更加灵活多样，不再局限于单一的量化标准。量化评价与质性评价、过程性评价与终结性评价、反应性评价与表现性评价、自我评价与他人评价等多种方式将相互融合，共同构建一个全面、多维的评价体系，以更准确地反映学生的真实水平和发展潜力。

六、评价结果应用科学化与实效化

（一）评价结果的合理化与科学化应用

评价本身并非最终目的，充分应用评价结果才能发挥其在教育政策调整、教学诊断与改进、考试招生体制改革及社会舆论引导等方面的多重功能与价值。应通过科学的数据分析和反馈机制，确保评价结果为教育实践提供切实、有效的指导。

（二）构建完善的反馈与改进机制

应建立有效的反馈机制，确保评价结果能够及时、准确地传递给相关利益方，包括教师、学生和家长。通过定期的评估与反思，促进教育实践的持续改进与提升。同时，要注重保护评价对象的隐私和数据安全，确保评价结果的合理使用和保密性。

七、评价技术现代化与智能化

（一）智能化测评系统的研发与应用

学校应充分利用现代信息技术，积极研发智能化的测评系统，提高评价的准确性和效率。通过智能化手段实现评价数据的自动采集、分析和处理，为教育决策提供科学依据。同时，要注重测评系统的易用性和可靠性，确保评价工作的顺利进行。

（二）大数据与人工智能技术的融合应用

学校应充分利用大数据、人工智能等先进技术，开发技术化的测评系统。通过数据挖掘、机器学习等技术手段深入挖掘评价数据中的潜在信息，为教育评价提供更全面、深入的支持。同时，要注重保护评价对象的隐私和数据安全，确保评价技术的合规性和可靠性。通过技术的不断创新与应用，推动教育评价工作的现代化与智能化发展。

参考文献

[1] 国务院. 中共中央、国务院印发《深化新时代教育评价改革总体方案》[EB/OL]. http://www.gov.cn/zhengce/2020-10/13/content_5551032.htm, 2020-10-13.

[2] 教育部. 义务教育质量评价指南（教基〔2021〕3号）[EB/OL]. http://www.moe.gov.cn/srcsite/A06/s3321/202103/t20210317_520238.html.

[3] 教育部. 义务教育课程方案（2022年版）（教材〔2022〕2号）[EB/OL]. http://www.moe.gov.cn/srcsite/A26/s8001/202204/t20220420_619921.html.

[4] 陈丽. 智能技术支撑学生综合素质评价：改革与创新[J]. 现代教育技术, 2023, 33（12）: 5-13.

[5] 胡立厚. 教育管理学探索与教学实践[M]. 长春: 吉林人民出版社, 2020: 102.

[6] 李春梅, 吕国强主编. 学科核心素养视角下的课堂教学研究[M]. 天津: 天津社会科学院出版社, 2021: 12.

[7] 徐红主编. 教育测量与评价[M]. 武汉: 华中科技大学出版社, 2016: 304.

[8] 陈学宏编著. 走向人本主义教育的学校管理[M]. 成都: 电子科技大学出版社, 2013: 150.

[9] 田友谊编. 当代学生评价的理论与实践[M]. 武汉: 华中师范大学

出版社，2012：124.

［10］胡立厚. 教育管理学探索与教学实践［M］. 长春：吉林人民出版社，2020：102.

［11］李春梅，吕国强主编. 学科核心素养视角下的课堂教学研究［M］. 天津：天津社会科学院出版社，2021：12.

［12］徐红主编. 教育测量与评价［M］. 武汉：华中科技大学出版社，2016：304.

［13］陈学宏编著. 走向人本主义教育的学校管理［M］. 成都：电子科技大学出版社，2013：150.

［14］田友谊编. 当代学生评价的理论与实践［M］. 武汉：华中师范大学出版社，2012：124.

［15］陈玉琨. 教育评价学［M］. 教育评价学，2019：76.

［16］董秀华等. 综合素质评价：政策、理论与实践［M］. 上海：华东师范大学出版社，2022：183.

［17］徐建钺. 简明国际教育百科全书·教育测量与评价［M］. 北京：教育科学出版社，1992：51-53.

［18］埃贡 G 古贝，伊冯娜 S 林肯. 第四代评估［M. 秦霖，等译. 北京：中国人民大学出版社，2008：1-23.

［19］冯忻主编. 当教学策略遇见新技术［M］. 上海：上海教育出版社，2020：154.

［20］柳夕浪. 综合素质评价改革的"三个转向"［J］. 中国教育学刊，2021（4）：28-33+74.

［21］李雁冰. 论综合素质评价的本质［J］. 教育发展研究，2011（24）：58-64.

［22］国务院. 关于深化考试招生制度改革的实施意见［EB/OL］. http://www.moe.gov.cn/jyb_xxgk/moe_1777/moe_1778/201409/t20140904_174543.html.

［23］柯政. 考试评价制度改革的复杂性分析：以综合素质评价政策为

例[J]. 全球教育展望, 2010, 39 (2): 25-30.

[24] 李雁冰. 论综合素质评价的本质[J]. 教育发展研究, 2011 (24): 58-64.

[25] 张铭凯. 第三方评价机构参与中小学生综合素质评价: 可能、角色与运行[J]. 教育发展研究, 2014, 33 (20): 34-39.

[26] 靳玉乐, 樊亚峤. 中小学实施综合素质评价的意义、问题及改进[J]. 教育研究, 2012 (1): 69-74.

[27] 黄舜华. 发挥评价激励作用, 关注学生成长进步——《上海市初中学生成长记录册》试用报告[J]. 教育发展研究, 2004, 24 (11): 71-73.

[28] 许冬梅. 第四代评价理论视角下的小学生多主体评价策略——以北京市顺义区小学生综合素质评价为例[J]. 中小学德育, 2017 (7): 55-57.

[29] 李文静. 学生综合素质评价的实施策略探究[J]. 教育, 2019 (41): 45.

[30] 祝波, 林琳, 闫瑾, 等. 新时代学科育人评价方式变革的校本探索[J]. 教育科学论坛, 2021 (10): 78-80.

[31] 沙丽华, 崔建京, 苏冰, 等. 综合素质评价的内涵、机理和策略[J]. 辽宁教育, 2021 (12): 5-9.

[32] 修文艳. 基于大数据的学校德育评价探索[J]. 中国德育, 2022 (5): 60-63.

[33] [美] 贝兰卡, [美] 查普曼, [美] 斯沃茨. 多元智能与多元评价: 运用评价促进学生发展[M]. 北京: 中国轻工业出版社, 2004: 2.

[34] 张铭凯. 第三方评价机构参与中小学生综合素质评价: 可能、角色与运行[J]. 教育发展研究, 2014, 33 (20): 34-39.

[35] 窦卫霖. 为了更好的学习: 教育评价的国际新视野[J]. 教育参考, 2019 (5): 113.

[36] 邓志勇. 构建学生综合素质评价体系的策略研究［J］. 教育测量与评价（理论版），2010（6）：16-19.

[37] 周文叶. 开展基于表现性评价的教师研修［J］. 全球教育展望，2014，43（1）：50-57.

[38] 韦伯. 有效的学生评价［M］. 国家基础教育课程改革评价项目组，译. 北京：中国轻工业出版社，2002：13-14.

[39] 毕会军. 构建机制，创新举措，积极推进中小学生综合素质评价改革［J］. 河北教育，2020（6）：48-49.

[40] 邢利红. 学生综合素质评价：教师的评价操作策略［J］. 教育导刊（上半月），2021（1）：47-52.

[41] 靳玉乐，郎园园. 中小学综合素质评价主体选择问题探讨——基于利益相关者视角的分析［J］. 当代教育科学，2014（6）：15-17，23.

[42] 朱哲. 考试招生制度改革："招分"与"招人"的博弈［J］. 人民教育，2014（10）：47.

[43] 张铭凯. 第三方评价机构参与中小学生综合素质评价：可能、角色与运行［J］. 教育发展研究，2014，33（20）：34-39.

[44] 张远增. 我国高中招生制度改革的现状与对策研究［J］. 人民教育，2008（13）：11-17.

[45] 陈丽. 智能技术支撑学生综合素质评价：改革与创新［J］. 现代教育技术，2023，33（12）：5-13.

[46] KANKAN AI 五育并举学生综合素质评价系统首次亮相成都智创未来项目路演［EB/OL］. https://www.sohu.com/a/603465138_120447851，2022-11-07.

[47] 魏金宝，黄秦安，张勇. 中小学生综合素质评价研究综述［J］. 考试研究，2016（3）：73-79.

[48] 刘云生. 运用现代信息技术开展学生立体评价的时代意蕴与探索思路［J］. 国家教育行政学院学报，2020（10）：3-10，23.

[49] 冯建军. 测量时代的德育评价：难为与能为[J]. 中国电化教育, 2022（1）：1-8.

[50] 宋梦园, 程岭. 五育并举视域下综合素质评价的困境与出路[J]. 教育实践与研究, 2022（12）：49-53.

[51] 杨文轩, 陈琦. 体育原理[M]. 北京：高等教育出版社, 2004：130.

[52] 冉祥华. 美育的当代发展[M]. 北京：新华出版社, 2008：246.

[53] 曾天山, 顾建军主编. 劳动教育论[M]. 北京：教育科学出版社, 2020：382.

[54] 范国睿. 教育评价改革需要新路向[N]. 中国教育报, 2020-07-20（2）.

[55] 闫宁宁. 高校教师绩效评价研究[M]. 武汉：华中科学技术大学出版社, 2022：103.

[56] 郑百伟主编. 学校教育评价的思考与实践[M]. 上海：上海教育出版社, 2006：18.

[57] 刘建强. 高品质学校建设十二讲[M]. 长春：吉林大学出版社, 2023：222.

[58] 杨鸿, 朱德全, 宋乃庆, 周永平. 大数据时代学生综合素质评价：方法论、价值与实践导向[J]. 中国电化教育, 2018（1）：27-34.

附　录

附录一　深化新时代教育评价改革总体方案

教育评价事关教育发展方向，有什么样的评价指挥棒，就有什么样的办学导向。为深入贯彻落实习近平总书记关于教育的重要论述和全国教育大会精神，完善立德树人体制机制，扭转不科学的教育评价导向，坚决克服唯分数、唯升学、唯文凭、唯论文、唯帽子的顽瘴痼疾，提高教育治理能力和水平，加快推进教育现代化、建设教育强国、办好人民满意的教育，现制定如下方案。

一、总体要求

（一）指导思想。以习近平新时代中国特色社会主义思想为指导，全面贯彻党的十九大和十九届二中、三中、四中全会精神，全面贯彻党的教育方针，坚持社会主义办学方向，落实立德树人根本任务，遵循教育规律，系统推进教育评价改革，发展素质教育，引导全党全社会树立科学的教育发展观、人才成长观、选人用人观，推动构建服务全民终身学习的教育体系，努力培养担当民族复兴大任的时代新人，培养德智体美劳全面发展的社会主义建设者和接班人。

（二）主要原则。坚持立德树人，牢记为党育人、为国育才使命，充分发挥教育评价的指挥棒作用，引导确立科学的育人目标，确保教育正确发展方向。坚持问题导向，从党中央关心、群众关切、社会关注的问题入手，破立并举，推进教育评价关键领域改革取得实质性突破。坚持科学有效，改进结果评价，强化过程评价，探索增值评价，健全综合评价，充分利用信息技术，提高教育评价的科学性、专业性、客观性。坚持统筹兼顾，针对不同主体和不同学段、不同类型教育特点，分类设计、稳步推进，增强改革的系统性、整体性、协同性。坚持中国特色，扎根中国、融通中外、立足时代、面向未来，坚定不移走中国特色社会主义教育发展道路。

（三）改革目标。经过5至10年努力，各级党委和政府科学履行职责水平明显提高，各级各类学校立德树人落实机制更加完善，引导教师潜心育人的评价制度更加健全，促进学生全面发展的评价办法更加多元，社会选人用人方式更加科学。到2035年，基本形成富有时代特征、彰显中国特色、体现世界水平的教育评价体系。

二、重点任务

（一）改革党委和政府教育工作评价，推进科学履行职责

1.完善党对教育工作全面领导的体制机制。各级党委要认真落实领导责任，建立健全党委统一领导、党政齐抓共管、部门各负其责的教育领导体制，履行好把方向、管大局、作决策、保落实的职责，把思想政治工作作为学校各项工作的生命线紧紧抓在手上，贯穿学校教育管理全过程，牢固树立科学的教育发展理念，坚决克服短视行为、功利化倾向。各级党委和政府要完善定期研究教育工作机制，建立健全党政主要负责同志深入教育一线调研、为师生上思政课、联系学校和年终述职必述教育工作等制度。

2.完善政府履行教育职责评价。对省级政府主要考核全面贯彻党的教育方针和党中央关于教育工作的决策部署、落实教育优先发展战略、解决人民群众普遍关心的教育突出问题等情况，既评估最终结果，也考核努力程度及进步发展。各地根据国家层面确立的评价内容和指标，结合实际进

行细化，作为对下一级政府履行教育职责评价的依据。

3.坚决纠正片面追求升学率倾向。各级党委和政府要坚持正确政绩观，不得下达升学指标或以中高考升学率考核下一级党委和政府、教育部门、学校和教师，不得将升学率与学校工程项目、经费分配、评优评先等挂钩，不得通过任何形式以中高考成绩为标准奖励教师和学生，严禁公布、宣传、炒作中高考"状元"和升学率。对教育生态问题突出、造成严重社会影响的，依规依法问责追责。

（二）改革学校评价，推进落实立德树人根本任务

4.坚持把立德树人成效作为根本标准。加快完善各级各类学校评价标准，将落实党的全面领导、坚持正确办学方向、加强和改进学校党的建设以及党建带团建队建、做好思想政治工作和意识形态工作、依法治校办学、维护安全稳定作为评价学校及其领导人员、管理人员的重要内容，健全学校内部质量保障制度，坚决克服重智育轻德育、重分数轻素质等片面办学行为，促进学生身心健康、全面发展。

5.完善幼儿园评价。重点评价幼儿园科学保教、规范办园、安全卫生、队伍建设、克服小学化倾向等情况。国家制定幼儿园保教质量评估指南，各省（自治区、直辖市）完善幼儿园质量评估标准，将各类幼儿园纳入质量评估范畴，定期向社会公布评估结果。

6.改进中小学校评价。义务教育学校重点评价促进学生全面发展、保障学生平等权益、引领教师专业发展、提升教育教学水平、营造和谐育人环境、建设现代学校制度以及学业负担、社会满意度等情况。国家制定义务教育学校办学质量评价标准，完善义务教育质量监测制度，加强监测结果运用，促进义务教育优质均衡发展。普通高中主要评价学生全面发展的培养情况。国家制定普通高中办学质量评价标准，突出实施学生综合素质评价、开展学生发展指导、优化教学资源配置、有序推进选课走班、规范招生办学行为等内容。

7.健全职业学校评价。重点评价职业学校（含技工院校，下同）德技并修、产教融合、校企合作、育训结合、学生获取职业资格或职业技能

等级证书、毕业生就业质量、"双师型"教师（含技工院校"一体化"教师，下同）队伍建设等情况，扩大行业企业参与评价，引导培养高素质劳动者和技术技能人才。深化职普融通，探索具有中国特色的高层次学徒制，完善与职业教育发展相适应的学位授予标准和评价机制。加大职业培训、服务区域和行业的评价权重，将承担职业培训情况作为核定职业学校教师绩效工资总量的重要依据，推动健全终身职业技能培训制度。

8.改进高等学校评价。推进高校分类评价，引导不同类型高校科学定位，办出特色和水平。改进本科教育教学评估，突出思想政治教育、教授为本科生上课、生师比、生均课程门数、优势特色专业、学位论文（毕业设计）指导、学生管理与服务、学生参加社会实践、毕业生发展、用人单位满意度等。改进学科评估，强化人才培养中心地位，淡化论文收录数、引用率、奖项数等数量指标，突出学科特色、质量和贡献，纠正片面以学术头衔评价学术水平的做法，教师成果严格按署名单位认定、不随人走。探索建立应用型本科评价标准，突出培养相应专业能力和实践应用能力。制定"双一流"建设成效评价办法，突出培养一流人才、产出一流成果、主动服务国家需求，引导高校争创世界一流。改进师范院校评价，把办好师范教育作为第一职责，将培养合格教师作为主要考核指标。改进高校经费使用绩效评价，引导高校加大对教育教学、基础研究的支持力度。改进高校国际交流合作评价，促进提升校际交流、来华留学、合作办学、海外人才引进等工作质量。探索开展高校服务全民终身学习情况评价，促进学习型社会建设。

（三）改革教师评价，推进践行教书育人使命

9.坚持把师德师风作为第一标准。坚决克服重科研轻教学、重教书轻育人等现象，把师德表现作为教师资格定期注册、业绩考核、职称评聘、评优奖励首要要求，强化教师思想政治素质考查，推动师德师风建设常态化、长效化。健全教师荣誉制度，发挥典型示范引领作用。全面落实新时代幼儿园、中小学、高校教师职业行为准则，建立师德失范行为通报警示制度。对出现严重师德师风问题的教师，探索实施教育全行业禁入制度。

10. 突出教育教学实绩。把认真履行教育教学职责作为评价教师的基本要求，引导教师上好每一节课、关爱每一个学生。幼儿园教师评价突出保教实践，把以游戏为基本活动促进儿童主动学习和全面发展的能力作为关键指标，纳入学前教育专业人才培养标准、幼儿教师职后培训重要内容。探索建立中小学教师教学述评制度，任课教师每学期须对每个学生进行学业述评，述评情况纳入教师考核内容。完善中小学教师绩效考核办法，绩效工资分配向班主任倾斜，向教学一线和教育教学效果突出的教师倾斜。健全"双师型"教师认定、聘用、考核等评价标准，突出实践技能水平和专业教学能力。规范高校教师聘用和职称评聘条件设置，不得将国（境）外学习经历作为限制性条件。把参与教研活动，编写教材、案例，指导学生毕业设计、就业、创新创业、社会实践、社团活动、竞赛展演等计入工作量。落实教授上课制度，高校应明确教授承担本（专）科生教学最低课时要求，确保教学质量，对未达到要求的给予年度或聘期考核不合格处理。支持建设高质量教学研究类学术期刊，鼓励高校学报向教学研究倾斜。完善教材质量监控和评价机制，实施教材建设国家奖励制度，每四年评选一次，对做出突出贡献的教师按规定进行表彰奖励。完善国家教学成果奖评选制度，优化获奖种类和入选名额分配。

11. 强化一线学生工作。各级各类学校要明确领导干部和教师参与学生工作的具体要求。落实中小学教师家访制度，将家校联系情况纳入教师考核。高校领导班子成员年度述职要把上思政课、联系学生情况作为重要内容。完善学校党政管理干部选拔任用机制，原则上应有思政课教师、辅导员或班主任等学生工作经历。高校青年教师晋升高一级职称，至少须有一年担任辅导员、班主任等学生工作经历。

12. 改进高校教师科研评价。突出质量导向，重点评价学术贡献、社会贡献以及支撑人才培养情况，不得将论文数、项目数、课题经费等科研量化指标与绩效工资分配、奖励挂钩。根据不同学科、不同岗位特点，坚持分类评价，推行代表性成果评价，探索长周期评价，完善同行专家评议机制，注重个人评价与团队评价相结合。探索国防科技等特殊领域教师科研专门评价办法。对取得重大理论创新成果、前沿技术突破、解决重大工程技术难题、在经济社会事业发展中做出重大贡献的，申报高级职称时论文可不作限制性要求。

13. 推进人才称号回归学术性、荣誉性。切实精简人才"帽子"，优化整合涉教育领域各类人才计划。不得把人才称号作为承担科研项目、职称评聘、评优评奖、学位点申报的限制性条件，有关申报书不得设置填写人才称号栏目。依据实际贡献合理确定人才薪酬，不得将人才称号与物质利益简单挂钩。鼓励中西部、东北地区高校"长江学者"等人才称号入选者与学校签订长期服务合同，为实施国家和区域发展战略贡献力量。

（四）改革学生评价，促进德智体美劳全面发展

14. 树立科学成才观念。坚持以德为先、能力为重、全面发展，坚持面向人人、因材施教、知行合一，坚决改变用分数给学生贴标签的做法，创新德智体美劳过程性评价办法，完善综合素质评价体系，切实引导学生坚定理想信念、厚植爱国主义情怀、加强品德修养、增长知识见识、培养奋斗精神、增强综合素质。

15. 完善德育评价。根据学生不同阶段身心特点，科学设计各级各类教育德育目标要求，引导学生养成良好思想道德、心理素质和行为习惯，传承红色基因，增强"四个自信"，立志听党话、跟党走，立志扎根人民、奉献国家。通过信息化等手段，探索学生、家长、教师以及社区等参与评价的有效方式，客观记录学生品行日常表现和突出表现，特别是践行社会主义核心价值观情况，将其作为学生综合素质评价的重要内容。

16. 强化体育评价。建立日常参与、体质监测和专项运动技能测试相结合的考查机制，将达到国家学生体质健康标准要求作为教育教学考核的重要内容，引导学生养成良好锻炼习惯和健康生活方式，锤炼坚强意志，培养合作精神。中小学校要客观记录学生日常体育参与情况和体质健康监测结果，定期向家长反馈。改进中考体育测试内容、方式和计分办法，形成激励学生加强体育锻炼的有效机制。加强大学生体育评价，探索在高等教育所有阶段开设体育课程。

17. 改进美育评价。把中小学生学习音乐、美术、书法等艺术类课程以及参与学校组织的艺术实践活动情况纳入学业要求，促进学生形成艺术爱好、增强艺术素养，全面提升学生感受美、表现美、鉴赏美、创造美的能力。探索将艺术类科目纳入中考改革试点。推动高校将公共艺术课程与艺术实践纳入人才培养方案，实行学分制管理，学生修满规定学分方能毕业。

18. 加强劳动教育评价。实施大中小学劳动教育指导纲要，明确不同学段、不同年级劳动教育的目标要求，引导学生崇尚劳动、尊重劳动。探索建立劳动清单制度，明确学生参加劳动的具体内容和要求，让学生在实践中养成劳动习惯，学会劳动、学会勤俭。加强过程性评价，将参与劳动教育课程学习和实践情况纳入学生综合素质档案。

19. 严格学业标准。完善各级各类学校学生学业要求，严把出口关。对初、高中毕业班学生，学校须合理安排中高考结束后至暑假前的教育活动。完善过程性考核与结果性考核有机结合的学业考评制度，加强课堂参与和课堂纪律考查，引导学生树立良好学风。探索学士学位论文（毕业设计）抽检试点工作，完善博士、硕士学位论文抽检工作，严肃处理各类学术不端行为。完善实习（实训）考核办法，确保学生足额、真实参加实习（实训）。

20. 深化考试招生制度改革。稳步推进中高考改革，构建引导学生德智体美劳全面发展的考试内容体系，改变相对固化的试题形式，增强试题开放性，减少死记硬背和"机械刷题"现象。加快完善初、高中学生综合素质档案建设和使用办法，逐步转变简单以考试成绩为唯一标准的招生模式。完善高等职业教育"文化素质＋职业技能"考试招生办法。深化研究生考试招生改革，加强科研创新能力和实践能力考查。各级各类学校不得通过设置奖金等方式违规争抢生源。探索建立学分银行制度，推动多种形式学习成果的认定、积累和转换，实现不同类型教育、学历与非学历教育、校内与校外教育之间互通衔接，畅通终身学习和人才成长渠道。

(五)改革用人评价,共同营造教育发展良好环境

21.树立正确用人导向。党政机关、事业单位、国有企业要带头扭转"唯名校""唯学历"的用人导向,建立以品德和能力为导向、以岗位需求为目标的人才使用机制,改变人才"高消费"状况,形成不拘一格降人才的良好局面。

22.促进人岗相适。各级公务员招录、事业单位和国有企业招聘要按照岗位需求合理制定招考条件、确定学历层次,在招聘公告和实际操作中不得将毕业院校、国(境)外学习经历、学习方式作为限制性条件。职业学校毕业生在落户、就业、参加机关企事业单位招聘、职称评聘、职务职级晋升等方面,与普通学校毕业生同等对待。用人单位要科学合理确定岗位职责,坚持以岗定薪、按劳取酬、优劳优酬,建立重实绩、重贡献的激励机制。

三、组织实施

(一)落实改革责任。各级党委和政府要加强组织领导,把深化教育评价改革列入重要议事日程,根据本方案要求,结合实际明确落实举措。各级党委教育工作领导小组要加强统筹协调、宣传引导和督促落实。中央和国家机关有关部门要结合职责,及时制定配套制度。各级各类学校要狠抓落实,切实破除"五唯"顽瘴痼疾。国家和各省(自治区、直辖市)选择有条件的地方、学校和单位进行试点,发挥示范带动作用。教育督导要将推进教育评价改革情况作为重要内容,对违反相关规定的予以督促纠正,依规依法对相关责任人员严肃处理。

(二)加强专业化建设。构建政府、学校、社会等多元参与的评价体系,建立健全教育督导部门统一负责的教育评估监测机制,发挥专业机构和社会组织作用。严格控制教育评价活动数量和频次,减少多头评价、重复评价,切实减轻基层和学校负担。各地要创新基础教育教研工作指导方式,严格控制以考试方式抽检评测学校和学生。创新评价工具,利用人工智能、大数据等现代信息技术，探索开展学生各年级学习情况全过程纵向评价、德智体美劳全要素横向评价。完善评价结果运用，综合发挥导向、鉴定、诊断、调控和改进作用。加强教师教育评价能力建设，支持有条件的高校设立教育评价、教育测量等相关学科专业，培养教育评价专门人才。加强国家教育考试工作队伍建设，完善教师参与命题和考务工作的激励机制。积极开展教育评价国际合作，参与联合国2030年可持续发展议程教育目标实施监测评估，彰显中国理念，贡献中国方案。

（三）营造良好氛围。党政机关、事业单位、国有企业要履职尽责，带动全社会形成科学的选人用人理念。新闻媒体要加大对科学教育理念和改革政策的宣传解读力度，合理引导预期，增进社会共识。构建覆盖城乡的家庭教育指导服务体系，引导广大家长树立正确的教育观和成才观。各地要及时总结、宣传、推广教育评价改革的成功经验和典型案例，扩大辐射面，提高影响力。

附录二 义务教育质量评价指南

为深入贯彻习近平总书记在全国教育大会上重要讲话精神，切实扭转不科学的教育评价导向，全面深化义务教育教学改革，促进义务教育内涵发展和质量提升，推进教育治理体系和治理能力现代化，根据中共中央、国务院印发的《关于深化教育教学改革全面提高义务教育质量的意见》《深化新时代教育评价改革总体方案》精神，制定本指南。

一、总体要求

（一）指导思想

坚持以习近平新时代中国特色社会主义思想为指导，全面贯彻党的教育方针，坚持社会主义办学方向，遵循学生成长规律和教育规律，加快建立以发展素质教育为导向的义务教育质量评价体系，强化评价结果运用，健全立德树人落实机制，构建德智体美劳全面培养教育体系，引领深化教育教学改革，全面提高义务教育质量，努力培养德智体美劳全面发展的社会主义建设者和接班人。

（二）基本原则

坚持正确方向。践行为党育人、为国育才使命，坚持正确政绩观和科学教育质量观，促进义务教育公平发展和质量提升。

坚持育人为本。面向全体学生，注重综合素质评价，促进全面培养，引导办好每所学校、教好每名学生。

坚持问题导向。完善评价内容，突出评价重点，改进评价方法，统筹整合评价，着力克服"唯分数、唯升学"倾向，促进形成良好教育生态。

坚持以评促建。坚持实事求是、客观公正，强化过程性评价和发展性评价，有效发挥引导、诊断、改进、激励功能，促进义务教育优质均衡发展。

二、评价内容

义务教育质量评价包括县域、学校、学生三个层面，三者紧紧围绕贯彻党的教育方针，以促进学生全面发展为目标，各有侧重、相互衔接、内在统一，构成完整的义务教育质量评价体系。

（一）县域义务教育质量评价。主要包括价值导向、组织领导、教学条件、教师队伍、均衡发展等五个方面重点内容，旨在促进地方党委政府坚持社会主义办学方向，加强对义务教育工作的领导，履行举办义务教育职责，促进县域义务教育优质均衡发展。

（二）学校办学质量评价。主要包括办学方向、课程教学、教师发展、学校管理、学生发展等五个方面重点内容，旨在促进学校落实德智体美劳全面培养要求，深入实施素质教育，充分激发办学活力，不断提高办学水平和育人质量。

（三）学生发展质量评价。主要包括学生品德发展、学业发展、身心发展、审美素养、劳动与社会实践等五个方面重点内容，旨在促进学生德智体美劳全面发展，培养适应终身发展和社会发展需要的正确价值观、必备品格和关键能力。

三、评价方式

义务教育质量评价实施工作要注重优化评价方式方法，不断提高评价工作的科学性、针对性、有效性。

（一）注重结果评价与增值评价相结合。关注学生发展、学校办学、县域义务教育发展合格程度的同时，关注其发展水平和工作水平的进步程度，科学评判地方党委政府、学校和教师的努力程度。

（二）注重综合评价与特色评价相结合。关注县域、学校全面育人整体成效和学生德智体美劳全面发展情况的同时，注重差异性和多样性，关注每一所学校和每一名学生，促进学校特色发展和学生个性发展。

（三）注重自我评价与外部评价相结合。在引导学生、学校和县级党委政府积极开展常态化自我评价和即时改进的同时，构建主体多元、统整优化、责任明晰、组织高效的外部评价工作体系。

（四）注重线上评价与线下评价相结合。建立县域、学校、学生常态化评价网络信息平台及数据库，完善学生综合素质评价档案，并通过实地调查、观察、访谈等方式，了解掌握实际情况，确保评价真实全面、科学有效。

四、评价实施

（一）明确责任分工。义务教育质量评价实行县（市、区）和校自评、市级复核、省级评价、国家抽查监测。义务教育学校对本校办学质量进行自评，并对学生德智体美劳全面发展情况进行评价。县级党委政府对学校办学质量进行评价，并对本县域义务教育质量和党委政府履职情况进行自评，自评报告报上级教育督导部门。市级政府教育督导部门对县域义务教育质量自评工作情况进行复核。省级政府教育督导部门组织对行政区域内各县（市、区）义务教育质量情况进行评价，每年将评价情况报国家教育督导部门备案。国家教育督导部门对省级开展县域义务教育质量评价情况进行抽查，对学生发展质量情况进行监测。

（二）明确评价周期。对学校、县域质量评价要实现全覆盖，评价周期依据所辖县数、学校数和工作需要，由各地自行确定，原则上每3～5年一轮，并保证在县级党政主要负责人、校长任期内至少进行一次评价。

五、评价结果运用

各地要不断完善义务教育质量评价结果运用的机制，充分发挥评价结果对提高义务教育质量的引领和促进作用。

（一）要运用好学生发展质量评价结果。指导教师精准分析学情，因材施教，促进每个学生全面健康成长。将学生发展质量评价结果作为学校办学质量评价和县域义务教育质量评价的重要依据。

（二）要运用好学校办学质量评价结果。指导学校改进教育教学和管理、全面育人、科学育人，提升办学治校和实施素质教育能力。将学校办学质量评价结果作为对学校奖惩、政策支持、资源配置和考核校长的重要依据。

（三）要运用好县域义务教育质量评价结果。引导县级政府落实法律法规要求，督促政府履职尽责，为办好义务教育提供充分的条件保障和良好的政策环境。将县域义务教育质量评价结果与县级党政领导履行教育职责评价、义务教育优质均衡发展认定等工作挂钩。对质量评价结果不合格的，不能评优评先，不能认定为优质均衡发展县（市、区）。对履职不到位、落实政策不力、违反有关规定、县域教育教学质量下降且整改不到位的，要对县级党政主要领导和分管负责人、相关部门主要负责人进行问责。

六、组织保障

（一）加强组织领导。各地要将义务教育质量评价工作纳入地方党委政府、教育部门和学校的重要议事日程，建立党委政府领导、政府教育督导部门牵头、部门协同、多方参与的组织实施机制。实施义务教育质量评价工作，要与已经开展的对地方政府履行教育职责督导评价、中小学校督导评估、义务教育质量监测等工作有效整合、统筹实施，避免重复评价。各地可结合本地实际，制定义务教育质量评价实施细则。

（二）加强队伍建设。各地要组建高水平、相对稳定的质量评价队伍，主要由督学、教育行政人员、教育科研人员、校长、教师及其他有关方面人员组成。评价人员在教育法律法规和政策、教育教学、学校管理、督导评价等方面应具有较高理论素养、专业能力和丰富经验。要积极探索采取政府购买服务方式，培育和委托第三方专业机构开展义务教育质量评价工作。

附件

学生发展质量评价

学生发展质量评价见附表1。

附表1　学生发展质量评价

重点内容	关键指标	考查要点
A1.品德发展	B1.理想信念	1.了解党史国情，珍视国家荣誉，铸牢中华民族共同体意识，爱党爱国爱人民爱社会主义，立志听党话、跟党走，从小树立为实现中华民族伟大复兴的中国梦而努力奋斗的志向 2.会唱国歌，积极参加升国旗仪式；积极参加重要节日、纪念日主题教育活动，积极参加少先队、共青团活动 3.热爱并努力学习中华优秀传统文化、革命文化和社会主义先进文化，传承红色基因，增强"四个自信"；积极向英雄模范和先进典型人物学习
	B2.社会责任	4.养成规则意识，遵守校规校纪，遵守法律法规、社会公德和公共秩序 5.爱护公共财物，保护公共环境，热爱大自然；节粮节水节电，低碳环保生活；积极参加集体活动，主动为班级、学校、同学及他人服务
	B3.行为习惯	6.注重仪表、举止文明，诚实守信，知错就改，朴素节俭，不相互攀比 7.孝敬父母，尊重师长、同学和他人，礼貌待人，与人和谐相处 8.自己事情自己做，他人事情帮着做
A2.学业发展	B4.学习习惯	9.保持积极学习态度，具有学习自信心和自主学习意识，善于合作学习，努力完成学习任务 10.掌握有效学习方法，主动预习，认真听讲，积极思考，踊跃提问，及时复习，认真完成作业
	B5.创新精神	11.积极参加学校兴趣小组社团活动，有小制作、小发明、小创造等科学兴趣特长 12.有好奇心、想象力和求知欲，有信息收集整合、综合分析运用能力，有自主探究、独立思考、发现问题、解决问题的意识与能力
	B6.学业水平	13.理解学科基本思想和思维方法，掌握学科基本知识、基本技能，达到国家规定的义务教育课程学业质量标准要求；校内、校外学业负担感受状况 14.养成阅读习惯，具备一定阅读量和阅读理解能力；主动参与实验设计，能够完成实验操作

续表

重点内容	关键指标	考查要点
A3. 身心发展	B7. 健康生活	15. 营养健康饮食，讲究卫生，按时作息，保证充足睡眠，养成坐、立、行、读、写正确姿势；积极参加体育活动，坚持每天锻炼身体至少1小时，坚持做广播体操、眼保健操 16. 树立珍爱生命、安全第一意识，掌握安全、卫生防疫等基本常识，注重日常预防和自我保护，具备避险和紧急情况应对能力 17. 不过度使用手机，不沉迷网络游戏，不吸烟、不喝酒、不赌博，远离毒品
	B8. 身心素质	18. 体质健康监测达标，掌握1—2项体育运动技能，有效控制近视、肥胖、脊柱姿态不良等 19. 保持自尊自信、自立自强、乐观向上、阳光健康心态，合理表达、控制调节自我情绪；能够正确看待挫折，具备应对学习压力、生活困难和寻求帮助的积极心理素质和能力
A4. 审美素养	B9. 美育实践	20. 积极参加学校、社区（村）组织的文化艺术等各种美育活动 21. 经常欣赏文学艺术作品、观看文艺演出、参观艺术展览等
	B10. 感受表达	22. 掌握1—2项艺术技能，会唱主旋律歌曲 23. 具备健康向上的审美趣味、审美格调，能够在学习和生活中发现美、感受美、欣赏美、表达美
A5. 劳动与社会实践	B11. 劳动习惯	24. 具有尊重劳动、热爱劳动的观念，能够吃苦耐劳，尊重劳动者，珍惜劳动成果 25. 积极参加家务劳动、校内劳动、校外劳动，具有一定的生活能力和劳动技能
	B12. 社会体验	26. 积极参与社会调查、研学实践、志愿服务和公益活动 27. 在农业生产、工业体验、商业和服务业实践中，主动体验职业角色

附录三 广东教育厅关于实施初中学生综合素质评价的指导意见

为全面贯彻习近平新时代中国特色社会主义思想，贯彻落实全国教育大会精神，全面贯彻党的教育方针，落实立德树人根本任务，深化教育评价改革，发展素质教育，提高学生综合素养，促进学生德智体美劳全面发展，根据中共中央、国务院印发的《关于深化教育教学改革全面提高义务教育质量的意见》《深化新时代教育评价改革总体方案》、教育部等六部门印发的《义务教育质量评价指南》以及国家和省有关考试招生制度改革精神，结合我省实际，现就实施初中学生综合素质评价提出以下指导意见。

一、目的意义

初中学生综合素质评价是观察、记录、分析初中学生全面发展状况、发现和培育学生良好个性、提高学生综合素质的重要手段，是深入实施素质教育的一项重要制度。实施综合素质评价的目的是全面反映学生初中阶段德智体美劳全面发展情况，展现学生个性特长，形成学生在初中阶段成长和发展的重要档案，作为学生发展指导、毕业升学、学校育人质量评价的依据或参考。

实施综合素质评价，有利于帮助和促进学生自我认识、自我评价和自我发展；有利于促进学校和教师把握学生成长规律，切实转变育人方式和人才培养模式；有利于社会和家庭形成正确的育人观，形成多方协同育人局面；有利于深化新时代教育评价改革，改进结果评价、强化过程评价、探索增值评价、健全综合评价，建立科学的、符合时代要求的教育评价制度和机制，培养学生适应终身发展和社会发展需要的正确价值观、必备品格和关键能力。

二、基本原则

（一）坚持方向性和指导性。坚持党的领导，把握正确方向，教育引导学生爱党爱国爱人民爱社会主义，践行社会主义核心价值观，形成正确的世界观、人生观和价值观，培养担当民族复兴大任的时代新人。尊重学生个性特点和成长需要，加强学生的自我评价，帮助学生认识自我、发展自我，激发学生发展潜能。

（二）坚持全面发展和个性发展。坚持五育并举，着力提升学生综合素质，为学生终生发展奠定基础。既重视学生思想品德、学业水平、身心健康、艺术素养、社会实践等方面的全面发展，也反映学生个体的主要特点和突出表现，在面向全体学生的同时为每一个学生的个性特长发展提出针对性的指引。

（三）坚持真实客观和公正有效。如实记录学生成长过程中的突出表现，真实反映学生的发展状况，以事实为依据进行评价，确保评价内容客观真实。严格规范评价程序，注重师生全员参与，强化有效监督，确保评价过程公开透明，评价结果公平公正。坚持有效性和可操作性，确保综合素质评价结果可信可用。

三、评价内容

初中学生综合素质评价内容主要包括思想品德、学业水平、身心健康、艺术素养和社会实践等五个方面，整体反映学生综合素质发展情况。

（一）思想品德

主要考察学生在坚定理想信念、爱党爱国爱人民爱社会主义、学习和践行社会主义核心价值观，在责任担当、热爱集体、遵纪守法、诚实守信等道德品质和良好行为习惯养成方面的状况。重点记录学生接受中华优秀传统文化教育、革命文化教育、社会主义先进文化教育，遵守公民道德和公共秩序，参加学校班、团、队活动等方面的突出表现。

（二）学业水平

主要考察学生通过国家课程、地方课程和校本课程以及相关专题课程学习，在基本知识、基本技能、认知能力、思维发展、创新意识特别是学科核心素养形成等方面的状况，确保学生达到国家规定的学业质量标准。重点记录国家课程学业水平考试成绩（含实验操作成绩）、地方课程和校本课程学习经历与成果，以及学习态度、习惯、能力、效果等方面的突出表现。

（三）身心健康

主要考察学生的基本身体机能与运动技能、体育锻炼习惯与健康生活方式，以及心理健康状况、安全素养等。重点记录《国家学生体质健康标准》达标情况，体育课出勤情况，体育运动技能掌握情况，每天一小时校园体育活动表现及课余体育训练、竞赛情况，参加学校安全教育活动情况，以及自我认知与管理、人际关系、情绪调节、青春期适应，安全知识与相关技能等。

（四）艺术素养

主要考察学生对艺术的审美感受与鉴赏、参与和表现的能力。重点记录音乐、美术、书法、舞蹈、戏剧、戏曲、影视、播音、主持、非物质文化遗产传承、民间艺术与民俗活动等方面的兴趣特长表现，参加艺术活动（包括参观艺术场馆、参加艺术学习、欣赏或参与艺术表演、学习民间艺术、参与有意义的民俗活动等）的经历与成果等。

（五）社会实践

主要考察学生的社会认知、社会实践、社会适应状况，形成的劳动素养、实践能力等状况。重点记录学生在日常生活劳动、生产劳动、服务性劳动、参观学习、研学实践、志愿服务和公益活动中表现出的意识、能力和成果等。

四、评价方式

初中学生综合素质评价主要通过学生自我陈述评价、教师评语评价与重要观测点评价相结合的方式进行。

（一）学生自我陈述评价

学生自我陈述评价是学生在对自己的成长写实记录及相关佐证材料进行整理遴选的基础上撰写的，是对自我成长过程的总结梳理，是促进学生自我评价、自我教育和主动发展的过程。写实记录是学生在思想品德发展、学业水平表现、体育运动、艺术素养提升、社会实践等方面活动的记录，包括对事件的客观记录、自己内心体验与感受以及活动形成的成果（见附件1）。每到学期结束或毕业前，学生要对自己的综合素质发展、兴趣发展、个性成长等方面的情况做综合陈述。自我陈述要突出个性特长，有重点地介绍自己在成长过程中的突出表现，用证据说话，有助于他人在较短时间客观全面地了解陈述者，并留下深刻印象，避免泛泛而谈。学生自我陈述评价示例见附件2。

（二）教师评语评价

教师评语评价是指教师在全面了解学生成长情况的基础上，以发展的眼光，分析记录学生发展的信息，全面、客观、公正地反映学生综合素质阶段性发展水平和个性特点，突出正面引导，鼓励学生不断进步。学期教师评语由学校班主任、任课教师、社团指导教师等共同承担，具体由学校统筹安排；毕业评语反映学生初中阶段整体发展情况，由班主任填写。教师评语评价示例见附件2。

（三）重要观测点评价

根据学生的学段和年龄特点，在思想品德、学业水平、身心健康、艺术素养、社会实践等五个一级指标中，分别选取具有较强代表性、典型性、可测量、可评价的写实记录作为重要观测点，按学期进行评价。省制定重要观测点评价参考指标体系（见附件3），供各地市教育行政部门参考使用。各地市教育行政部门可结合区域实际和学生成长要求，在充分研究和征求意见的基础上，修改确定二级指标和重要观测点，形成本市初中学生综合素质评价标准。各学校根据学校办学特色等制定具体的评价操作细则。重要观测点评价可选择计分评价、等级评价或其他方式进行评价。

五、评价程序

学生综合素质评价主要包括学期评价和毕业评价。各学期结束时实施学期评价，学期评价反映学生各学期的综合素质发展情况，根据各学期评价情况给出毕业评价结果。评价实施过程主要由录入记录、审阅完善、提交评语、公示确认、形成档案等五个基本环节组成。依托学生综合素质评价信息管理平台（以下简称"信息平台"），建立完善的学生个人综合素质评价档案。

（一）录入记录。学生根据学校规定时间安排，在家长或老师的协助下，在信息平台中录入个人写实记录及佐证材料。在学校未进行审核前，学生可反复修改完善写实记录。

（二）审阅完善。由班主任老师或有关教师对学生提交的写实记录进行审阅，了解学生成长情况。班主任及有关教师应指导学生整理好个人写实记录材料，并遴选出不超过规定数量的具有代表性的重要活动记录和典型事实材料（包括重要观测点达成情况），完善有关佐证材料。学生无某方面记录或事迹不突出的，可以减少数量或空缺。

（三）提交评语。每学期末结束时，学生和班主任老师应根据学生本人实际情况，从德智体美劳等方面对学生综合素质发展情况进行评价，形成学生自我陈述和教师评语。学生的自我陈述由学生自行导入信息平台，教师评语由班主任老师导入信息平台。

（四）公示确认。各学校要按市或县（市、区）教育行政部门统一部署，对遴选出来的不涉及个人隐私的写实记录材料（含重要观测点）在信息平台或教室、学校公示栏、校园网等显著位置集中进行公示，公示期为5个工作日。公示工作原则上在每学期末或下学期初进行，具体时间由市或县级教育行政部门统一确定。公示期结束后，学生、班主任及有关教师要对个人写实记录进行签字确认，并统一在信息平台中及时提交审核。公示材料一经审核，相关记录不可更改。

（五）形成档案。写实记录、学生自我陈述、教师评语、重要观测点评价等经信息平台汇总，形成学生综合素质评价档案材料。

六、评价结果及运用

（一）结果呈现形式

综合素质评价结果主要包括学生自我陈述、教师评语和重要观测点评价等内容,在学生综合素质档案中呈现。其中,重要观测点的评价结果可以采取计分形式、等级评价或其他形式呈现,具体由各地市教育行政部门根据实际情况选择确定。

1.计分形式。选择以计分形式呈现重要观测点评价结果的,按照每个一级指标20分、满分100分的原则,对各重要观测点指标进行分解赋分,每个观测点的赋分分值和评分标准由各地市教育行政部门根据实际确定。计分评价每学期实施1次,评价结束后形成学期评价分数。各学期评价分数累加后形成总分,按学期数取平均分作为初中阶段毕业评价得分。

2.等级形式。选择以等级形式呈现重要观测点评价结果的,可对各重要观测点、一级指标及总评设定A、B、C、D、E等评价等级。每个观测点、一级指标的评价等级和评分标准以及总评等级标准由各地市教育行政部门根据实际确定。各地市教育行政部门可以对学生初中阶段每一个重要观测点所获得的对应评价等级(A、B、C、D、E)总数进行累计,按照评价标准综合得出学生初中阶段毕业评价的最终等级。各地市教育行政部门也可以在计分评价的基础上,将计分评价结果按照一定的对应规则转换为相应等级。等级评价每学期实施1次,评价结束后形成学期评价等级。各地市教育行政部门也可结合本地实际,选择其他等级呈现方式。

(二)评价结果运用

学生综合素质评价结果是学生发展指导、毕业升学、学校育人质量评价的依据或参考。各地各学校要充分利用学生写实记录材料,对学生成长过程进行科学分析,引导学生发现自我、建立自信,指导学生发扬优点、克服不足、明确努力方向,充分发挥评价过程的教育功能,促进学生健康、多样发展。各地市教育行政部门要将初中学生综合素质评价结果作为高中阶段学校招生录取的依据或参考,明确具体要求和使用办法;鼓励支持有条件的地市将其作为招生录取依据。各高中学校在招生录取时可根据学校办学特色及人才培养要求,对学生综合素质评价提出具体要求,经学校主管教育行政部门备案同意后提前向社会公布。学生综合素质评价情况可作为高中学校自主招生的主要依据。各级教育行政部门要把学生综合素质评价结果作为评价学校育人质量的重要依据。学校和教师要根据学生综合素质评价结果改进教育教学行为,全面推进实施素质教育,提高教育教学和管理水平。各地各学校要加强学生综合素质评价数据的分析应用,为区域教育发展和提升学校育人质量提供数据支撑。

七、组织保障

(一)明确职责分工。省教育厅根据国家要求统筹开展全省初中学生综合素质评价工作,制定本省综合素质评价工作指导意见,指导、监督、检查各地综合素质评价管理工作,搭建省级信息平台供地市应用,负责省属学校的综合素质评价管理工作。各地市教育行政部门负责统筹管理本地区初中学生综合素质评价工作,研究制定符合本市实际的具体实施办法和评价标准,选用省级信息平台或自建信息平台实施综合素质评价,组织开展信息管理平台操作使用培训,组织和督促各县(市、区)和学校开展综合素质评价实施工作,建立学生综合素质评价诚信责任追究制度,受理有关咨询和投诉;负责市属学校综合素质评价管理工作。各县(市、区)教育行政部门要落实属地管理责任,负责本区域内初中学生综合素质评价的实施工作,组织开展信息平台操作使用培训,应用省级信息平台或地市自建信息平台开展相应管理,指导和督促各学校做好综合素质评价实施各项具体工作。落实学生综合素质评价诚信责任追究制度,畅通举报渠道,受理有关方面的咨询和投诉。各学校要建立综合素质评价专门工作小组,制定学生综合素质评价操作细则,组织开展校内信息平台操作使用培训,组织和督促学校管理人员、学生和教师填报综合素质评价有关数据,建立审核、公示、申诉与诚信责任等制度,着力提升教师科学应用综合素质评价档案因材施教,指引学生健康成长的能力,全面、有序开展学生综合素质评价;主动探索学生综合素质评价的科学规律与方法,不断提高学生综合素质评价的质量。对于转学的学生,转入和转出地教育行政部门要加强协调,指导学校和学生做好综合素质评价数据转接工作,确保数据客观真实。

(二)完善工作机制。各级教育行政部门要从城乡学校实际出发,协调各方面力量，整合各类资源，为学生综合素质发展提供多样化发展平台。要进一步加大经费投入力度，加强学生综合素质评价研究、培训和实施等方面的经费保障力度，为学校深入推进素质教育提供相应支撑。各学校要建立健全学生成长指导和记录规章制度，建立实施综合素质评价责任制。要积极举办丰富多彩的校园文化艺术、科技、体育等活动，为开展综合素质评价提供支撑。加强日常宣传教育和指导，让老师、学生、家长明了综合素质评价的内容和方法，指导学生及时收集整理相关材料，突出评价的过程性，避免突击性评价。加强对学生申报和登记材料的审核审查，确保学生综合素质评价的公开透明和客观公正。学校要建立和完善学生会、班团队组织、学生社团等在综合素质评价中的机制和方法。

（三）加强信息平台建设。各地市教育行政部门可选择应用省级信息平台开展学生综合素质评价工作；也可自行开发信息平台，但必须确保系统对接和数据一致性。选择使用省级信息平台的地市，于2021年10月29日前向省教育厅提出平台使用需求，并制定完善本市综合素质评价实施办法，组织开展省级信息平台操作使用培训，并完成与省级信息平台的对接。选择自行开发建设信息平台的地市，在设计时要提前预留与省级信息平台的数据交换接口，并于2022年3月1日前完成数据对接测试。各级教育行政部门应指导和督促学校积极应用信息平台开展学生综合素质评价，加强信息安全管理。由外省（区、市）转学进入我省初中就读的学生，其综合素质评价信息经地市教育行政部门认定后导入信息平台。各地市教育行政部门要将初中与高中学生综合素质评价有序衔接起来，在制定标准和实施要求时要统筹设计、保持系统性和连贯性。省级信息平台将支持从小学到高中各学段学生开展综合素质评价，鼓励有条件的地市积极开展小学生综合素质评价工作。

（四）建立健全监督机制。各地各学校要建立健全工作监督机制，建立完善信息公示制度，及时将综合素质评价内容、标准、方法、程序、人员、规章制度等进行公示，提升综合素质评价工作的公开透明度；完善学生综合素质评价材料的公示办法，既要保障学生合法权益与个人隐私信息，也要畅通举报渠道确保材料真实可信。建立申诉制度，学生或其监护人等对评价结果或学校评价工作有异议的，可向学校提出申诉，学校依法依规进行核查确认并反馈意见。教育行政部门完善相应的监督机制，公开举报电话和网站；建立诚信责任追究制度，对弄虚作假者要按有关规定严肃处理，违反法律的要追究法律责任。教育督导部门要将各学校开展综合素质评价工作纳入教育督导范围，组织责任督学开展定期专项督导和日常检查指导。

（五）加强宣传引导。各地市教育行政部门要把实施学生综合素质评价工作作为推进教育评价改革和中考招生制度改革、破除"五唯"顽瘴痼疾的重要抓手。要通过新闻媒体、学校教育等多种形式加大综合素质评价工作的宣传解读力度，合理引导预期，引导学生、家长、社会树立正确的教育观和成才观。要及时总结、宣传、推广实施综合素质评价的成功经验和典型案例，扩大辐射面，提高影响力。

本指导意见自 2021 年 10 月 1 日起实施，有效期 5 年。各地市教育行政部门要因地制宜制定本市初中学生综合素质评价实施办法，明确基本要求和具体实施标准，于 2021 年 12 月 31 日前报教育厅备案。

附件 1

广东省初中学生综合素质写实记录指引

学生在教师和家长指导下，选择记录学习生活过程中思想品德、学业水平、身心健康、艺术素养与社会实践等方面的突出表现，并上传有关佐证材料。

一、思想品德

重点记录学生接受中华优秀传统文化教育、革命文化教育、社会主义先进文化教育，遵守公民道德和公共秩序，参加学校班、团、队活动等方面的突出表现。

例 1：2020 年 10 月 12 日下午，我参加了由学校共青团组织的第六期红色革命基地教育活动,参观了位于广州市越秀南路与东园横路交界处的"团一大"纪念广场。我主动担任讲解员,得到大家一致好评。活动结束,我递交了入团申请书,争取早日成为一名共青团员。

例2:这周一由我们班负责升国旗,我心情有点小兴奋。清晨,我穿戴整齐,早早赶到学校,和同学们一起重读《中华人民共和国国旗法》有关升旗的内容和要求,仔细打扫升旗台卫生,做好一切升旗准备工作。升旗礼进行得十分顺利,当看到五星红旗在同学手中冉冉升起的时候,心里既骄傲又激动,这里面也有一份我的付出和功劳啊!

二、学业水平

重点记录国家课程学业水平考试成绩(含实验操作成绩)、地方课程和校本课程学习经历与成果,以及学习态度、习惯、能力、效果等方面的突出表现。

例1:本学期我被语文老师评为"发言智多星"。下学期我要继续努力、争取拿下"笔记小能手"和"阅读小博士",成为本年度的"学习之星"。

例2:我组织张××、李×、王××、秦×等同学组成五人探究小组,开展"瑶族长舞鼓"的由来及其意义探究活动,成果获得老师们的充分肯定,入选学校"综合实践与创新活动"成果汇编。

三、身心健康

重点记录《国家学生体质健康标准》达标情况,体育课出勤情况,体育运动技能掌握情况,每天一小时校园体育活动表现及课余体育训练、竞赛情况,参加学校安全教育活动情况,以及自我认知与管理、人际关系、情绪调节、青春期适应,安全知识与相关技能等。

例1:2020年10月16日,我参加学校田径运动会的平板支撑挑战赛,获第一名。

例2:我独创了一套情绪舒缓减压操,得到老师同学们的一致认可,在全班推广。

四、艺术素养

重点记录音乐、美术、书法、舞蹈、戏剧、戏曲、影视、播音、主持、非物质文化遗产传承、民间艺术与民俗活动等方面的兴趣特长表现，参加艺术活动（包括参观艺术场馆、参加艺术学习、欣赏或参与艺术表演、学习民间艺术、参与有意义的民俗活动等）的经历与成果等。

例1：2021年2月10日，在××村迎新春民俗表演活动中，我参加了舞狮表演，既强健了体魄，又丰富了文化知识。

例2：2020年9月30日，作为学校合唱团的一员，我参加了全镇"国庆大合唱"汇演，这是我们第一次在学校外面登台演出，大家都很紧张。我和同学互相加油打气，最终顺利完成了演出。

五、社会实践

重点记录学生在日常生活劳动、生产劳动、服务性劳动、参观学习、研学实践、志愿服务和公益活动中表现出的意识、能力和成果等。

例1：2020年10月11日下午，我参加了五福社区关爱孤寡老人活动，帮他们打扫卫生，和他们谈心、讲社会新变化，老人们特别开心。

例2：2021年3月下旬，我参加学校团委组织的"护河小卫士"活动。在专业人士带领下，我们开展了持续一周的武江曲江区部分河段排污口调查、水质监测、水生态现状研究等活动，我们合作撰写的《武江曲江区河段水生物现状及改善建议》获得曲江区河长办公室的高度认可。

附件2

广东省初中学生综合素质自我陈述和教师评语评价示例

学生自我陈述和教师评语评价是学生阶段性发展结果评价，可以分为学期评价、毕业评价等。示例如下：

附 录

一、学生自我陈述评价

（一）学期评价。本学期以来，我在各个方面都有进步，思想水平比以前有了很大的提高。本人性格开朗，诚实守信，富有正义感。在学校，我与同学相处融洽，尊敬师长，乐于助人，虚心听取别人的意见，勇于进行批评和自我批评，自觉遵守法律法规、中小学生日常行为规范和校纪。认真听课，不懂就问，能按时完成作业，善于在学习中总结与反思。经常自觉锻炼身体，上体育课时认真刻苦，不偷懒。在义务劳动中关心和尊重他人，具有合作的意识和行为。在家尊老爱幼，经常帮父母做家务，是一个很少让父母担心的人。在学习之余，关心国家大事，积极参加各种公益活动，培养自己的实践创新能力；对艺术有浓厚的兴趣，具有较好的审美能力。希望能在以后的日子里，越来越出色。

（二）毕业评价。短短三年的初中生活，让我获益良多。从不懂事的小学生变成独立自主、积极向上的初三学生，生活能力变强了，遇到困难能自己学会解决。从小个子变成高大的小伙子，身体变结实了，性格也变得更加开朗幽默，与同学相处融洽。学习上虽然不是名列前茅，但也用功努力。能听老师的话，改正许多不良习惯。在家长心中是个听话的好孩子。如果能更合理地安排学习和休闲，我相信会做得更好。人生的风帆刚刚扬起，我将在今后的学习中提高对自己的要求，以更专注的态度和更雄健的脚步迈向未来！

二、教师评语评价

（一）学期评价。你是一个心灵手巧的好孩子，你画的小动物个个活灵活现，连老师都自叹不如，同学们欣赏了你那幅惟妙惟肖的作品后，都在夸你，暗暗羡慕你。你还能歌善舞，在新年主题班会上，你那可爱的模样，甜美的歌声给老师和同学留下了深刻的印象。你学习也很棒，课堂上，你发言积极，那独到的见解令同学们刮目相看。多少回天一亮你就到教室值日。你就是这样一位女孩子，积极进取，在各方面不断的努力着。"世上无难事，只怕有心人。"只要勇于挑战，胜利的春天必将到来！

（二）毕业评价。你是一个活泼大气的男同学。三年以来，你逐渐从少不更事的懵懂少年，成长为一个志远担当的班干部。三年来，你一直承担班级劳动委员的工作。在劳动中，你不但身先士卒、积极肯干，而且讲究工作方法，带领同学们协同合作，保质保量完成任务。在上课时，你开动脑筋，举手发言，珍惜每一次锻炼的机会。最让我满意的是，无论谁需要帮助，你都会伸出援助之手。成功从来没有捷径，老师希望你能沉住气，继续努力，在书写方面再下功夫，争取更大的进步！

附件3

广东省初中学生综合素质重要观测点评价参考指标体系

一级指标（5个）	二级指标（15个）	指标内涵	重要观测点建议（25个观测点，每学期评价一次）
一、思想品德	（一）理想信念	在坚定理想信念、爱党爱国爱人民爱社会主义、在学习和践行社会主义核心价值观、传承和弘扬中华优秀传统文化等方面的思想和行为表现	1. 爱国情操。积极参加学校升国旗、国防和革命传统教育等爱国主义教育活动，参加共青团、少先队活动 2. 团结友爱。爱集体助同学，在服务集体和帮助同学方面有突出表现。孝父母敬师长，传承中华传统美德。尊重公德，自觉礼让排队，保持公共卫生，爱护公共财物 3. 诚实守信。不说谎不作弊，借东西及时还，知错就改 4. 勤俭节约。不比吃喝穿戴，节粮节水节电，低碳环保生活，无奢侈浪费行为 5. 遵纪守法。无违法行为，未受到学校纪律处分
	（二）品德修养	遵守日常行为规范，遵守社会公序良俗，朴素节俭，养成良好品德和行为习惯；组织、参与班、团、队活动，主动为学校、班级、同学及他人服务	
	（三）公民道德	养成规则意识，在明礼守法讲美德、诚实守信有担当、爱护公共财物、爱护自然和公共卫生环境以及在国际理解教育、形成人类命运共同体意识等方面的思想和行为表现	

续表

一级指标（5个）	二级指标（15个）	指标内涵	重要观测点建议（25个观测点，每学期评价一次）
二、学业水平	（一）学习表现	学生遵守课堂及教师教学基本要求情况；学习兴趣、学习态度、学习自信心等情况	1. 基本要求。按时出勤，认真听讲、及时完成学习任务 2. 乐学敬业。保持积极学习态度，具有学习自信心和自主学习意识、养成学业规划习惯，认真制定学习计划 3. 学会学习。掌握有效学习方法，主动预习、及时复习，撰写学习总结，不断提高学习能力。广泛吸收、合理利用信息，文明绿色上网，养成阅读习惯，每学期阅读课外图书5册及以上 4. 乐于创新。积极参加学校兴趣小组、社团活动，有小发明、小制作、小创造等兴趣特长 5. 学业达标。达到国家规定的义务教育课程学业质量标准要求，各科成绩达到合格及以上标准。主动参与实验、学科实践设计，并能够完成相关操作
	（二）学习能力	学生掌握有效学习方法、阅读理解、沟通表达能力情况	
	（三）创新精神	学生科学兴趣特长情况；参加创新活动情况；发现、提出、分析、解决问题等方面的情况	
	（四）学科素养	学科基本知识和技能掌握、认知能力、思维发展、创新意识培育情况；学科学业质量标准达成状况；学科实践及实验操作能力情况	
三、身心健康	（一）体质状况	学生体检基本情况，基本身体素质达标情况	1. 体质健康。《国家学生体质健康标准》达标 2. 按时上课。积极参加体育与健康课程学习、心理健康教育活动，不迟到、不早退 3. 发展特长。掌握1-2项体育运动技能并积极参加各种体育活动，或获得班级、学校、教育行政部门组织的体育竞赛奖项 4. 珍爱生命。积极参加学校组织的安全教育活动，会自护懂求助，积极参加学校组织的应急疏散演练 5. 自强自律。自尊自信、自立自强，合理表达、控制调解自我情绪，学会合作共处，宽以待人，虚心接受批评，积极面对困难与挫折，人格健全
	（二）健康生活	学生日常及每天一小时校园体育运动表现，特长项目及体育竞赛表现，起居饮食等情况	
	（三）安全素养	学生掌握安全知识、树立安全意识、形成必要的自救与互救基本技能的情况	
	（四）心理健康	学生自我认知与管理、人格健全；合作共处，宽以待人，虚心接受批评，积极面对困难与挫折	

续表

一级指标（5个）	二级指标（15个）	指标内涵	重要观测点建议（25个观测点，每学期评价一次）
四、艺术素养	（一）审美体验	学生参加各级各类艺术活动提高艺术素养的情况，包括参观艺术场馆、参加校外艺术学习、观看艺术演出展览等方面的活动情况，以及日常生活中形成的其他艺术体验记录	1. 按时上课。积极参加艺术课程学习，按时出勤，不迟到不早退 2. 培养爱好。积极培养艺术兴趣，有1项以上的艺术爱好 3. 艺术实践。积极参加各类艺术实践活动，提高艺术表现和创意实践等核心素养，能够表现美和创造美
	（二）艺术实践	学生在艺术领域兴趣爱好的养成情况，参加艺术欣赏、展演、比赛等活动情况，有代表性的经历或成果	4. 发展特长。积极参加校级以上艺术团体，努力形成艺术专项特长 5. 审美感知。提升文化理解和审美感知，经常欣赏文学艺术作品，观看文艺演出，参观艺术展览等，能够感受美和鉴赏美
五、社会实践	（一）社会学习	学生参观考察各行各业组织机构、参与和年龄特征相适应的职业体验活动、技能学习和社会调研、志愿服务和公益活动等情况	1. 社会服务。积极参加志愿服务、公益活动 2. 参观学习。在社会大课堂中拓展视野，参加校外参观学习2次以上 3. 劳动技能。掌握1项以上日常生活劳动、生产劳动或服务性劳动技能
	（二）劳动实践	学生劳动意识、劳动习惯、劳动技能养成情况，参与和年龄特征相适应的劳动实践等活动情况	4. 热爱劳动。参加学校安排或组织的校内外劳动，出勤率100%；自己的事自己做，主动分担家务 5. 综合实践。善于从社会生活中发现问题，参加综合实践活动主题1个以上

说明：

1. 各地市在调整重要观测点指标体系内容时，一、二级指标及指标内涵原则上不得变动，但可结合各地实际，对重要观测点进行适当调整。

2. 各地市结合当地实际，可采用计分评价、等级评价或其他方式，并制定相应的实施细则。

3. 出勤率计算时不含正常的请假。

附录四 校长问卷调查

尊敬的校长：

您好！为了更精准地掌握义务教育学校在综合素质评价及校本评价策略方面的实施现状，进一步推动义务教育的全面发展与质量提升，我们特此设计了这份问卷调查。您的宝贵意见将对优化和完善学生综合素质评价体系及校本评价策略产生深远影响。本问卷共包含 20 个问题，均以匿名形式填写，所有信息仅用于课题研究，请您根据实际情况认真作答。

一、基本信息

1. 您所在学校的类型：

A. 小学

B. 初中

C. 九年一贯制学校

D. 其他（请说明）_____

2. 您担任校长的年限：

A. 1 年以下

B. 1～5 年

C. 6～10 年

D. 10 年以上

二、教育资源与环境

3. 学校的硬件设施（如教学楼、实验室、图书馆、体育设施等）在支持综合素质评价方面的满足度如何？

A. 完全满足

B. 基本满足

C. 有所欠缺

D. 严重不足

4. 学校的网络环境（包括网络速度、信息化教学设备、网络安全等）在支持综合素质评价中的表现如何？

A. 非常先进，完全满足需求

B. 较为完善，能满足基本需求

C. 存在一定不足，影响部分评价活动

D. 非常落后，急需改善

三、评价理论与实施

5. 您对《义务教育质量评价指南》及学生综合素质评价政策的了解程度如何？

A. 非常了解，并深入实施

B. 比较了解，部分实施

C. 有所耳闻，但了解不深

D. 完全不了解

6. 您是否希望参加关于学生综合素质评价及校本评价策略的培训？

A. 是，非常希望

B. 是，但时间有限

C. 否，认为不需要

D. 已参加过相关培训

7. 您认为当前学校在实施学生综合素质评价时主要面临哪些问题？（可多选）

A. 评价方法缺乏科学性和多样性

B. 过度依赖考试成绩，忽视综合素质

C. 评价过程缺乏透明度和公正性

D. 评价结果反馈不及时，无法有效指导改进

E. 其他（请说明）：_____

四、教育技术与资源利用

8. 学校在教育技术（如多媒体教学、智慧课堂、在线评价平台等）应用于学生综合素质评价的情况如何？

A. 广泛应用，效果显著

B. 有一定应用，但效果一般

C. 应用较少，主要依赖传统方式

D. 几乎没有应用

9. 学校在利用外部教育资源（如网络课程、专家讲座、校际合作等）支持学生综合素质评价方面做得如何？

A. 经常利用，资源丰富

B. 偶尔利用，资源有限

C. 很少利用，主要依赖校内资源

D. 几乎没有利用

五、家长参与与社会支持

10. 家长在学生综合素质评价中的参与度如何？

A. 高度参与，形成家校共育良好氛围

B. 较为积极，但参与度有限

C. 参与较少，主要依赖学校内部评价

D. 几乎没有参与

11. 您认为社会（包括社区、企业、非营利组织等）对学生综合素质评价的支持力度如何？

A. 非常支持，提供多方面帮助

B. 较为支持，但支持方式有限

C. 支持较少，主要依赖政府投入

D. 几乎没有社会支持

六、结果使用与反馈

12. 学校如何运用学生综合素质评价结果来改进教育教学工作？

A. 系统分析，针对性改进

B. 有所参考，但改进不明显

C. 很少关注，主要依赖日常经验

D. 几乎没有运用

13. 您认为学生综合素质评价结果的反馈机制是否健全？

A. 非常健全，反馈及时有效

B. 较为健全，但反馈周期较长

C. 不够健全，反馈不及时或不准确

D. 几乎没有反馈机制

七、教师评价与发展

14. 教师是否积极参与学生综合素质评价工作？

A. 是，积极参与

B. 是，但参与度有限

C. 否，很少参与

D. 完全不了解 / 未参与

15. 学校如何支持教师在学生综合素质评价方面的专业发展？（可多选）

A. 提供定期的培训和学习机会

B. 鼓励教师参与评价体系的改进工作

C. 设立奖励机制激励教师创新评价方法

D. 提供个性化的职业发展规划

E. 其他（请说明）：＿＿＿＿＿＿＿＿＿＿

16.您认为教师在实施学生综合素质评价时面临的主要挑战是什么？（可多选）

　　A.缺乏评价理论知识和技能

　　B.工作压力大，时间有限

　　C.学生个体差异大，难以统一评价标准

　　D.评价结果与教师绩效考核挂钩，导致评价失真

　　E.缺乏有效的评价工具和资源

　　F.其他（请说明）：＿＿＿＿＿＿＿＿＿＿

八、学生综合素质评价实施情况

17.学校在学生综合素质评价（包括品德发展、学业发展、身心发展、艺术素养、社会实践等）方面的实施情况如何？

　　A.全面实施，效果显著

　　B.部分实施，仍需完善

　　C.很少实施，主要关注学业成绩

　　D.几乎没有实施

18.您认为当前学生综合素质评价中存在的主要问题是什么？（可多选）

　　A.评价标准不明确，难以操作

　　B.评价过程缺乏客观性和公正性

　　C.过分依赖教师主观评价，忽视学生自评和互评

　　D.评价结果未能有效应用于学生发展指导

　　E.缺乏校本化的评价策略

　　F.其他（请说明）：＿＿＿＿＿＿＿＿＿＿

九、校本评价策略

19.学校是否制定了校本化的学生综合素质评价策略？

　　A.是，已制定并实施

B. 是，但仍在制定中

C. 否，尚未制定

D. 不了解 / 未考虑

20. 您认为学校在制定和实施校本化学生综合素质评价策略时面临的主要挑战是什么？（可多选）

A. 缺乏相关经验和指导

B. 教师评价能力和意识不足

C. 学校资源有限，难以支持

D. 家长和社会的理解与支持不足

E. 其他（请说明）：_____

十、其他建议

21. 您对当前义务教育学校在学生综合素质评价及校本评价策略方面还有哪些建议或意见？

感谢您的认真作答！您的反馈将对我们优化学生综合素质评价体系、促进学校特色发展与学生全面发展提供重要参考。

附录五 教师问卷调查

尊敬的老师：

您好！为了更精准地掌握义务教育学生综合素质评价的实施现状，并助力教师专业成长与教育质量的持续提升，我们精心设计了此份问卷调查。您的宝贵意见将对完善教育质量评价体系、推动学生全面发展起到至关重要的作用。本问卷共包含20个问题，均以匿名形式填写，所有信息仅用于课题研究，请您根据实际情况认真作答。

一、基本信息

1. 您所在的学校类型：

A. 小学

B. 初中

C. 九年一贯制学校

D. 其他（请说明）_____

2. 您任教的学科：

A. 语文

B. 数学

C. 英语

D. 科学／物理／化学／生物

E. 历史／地理／道德与法治

F. 体育与健康

G. 音乐／美术

H. 信息技术／劳动技术

I. 其他（请说明）_____

3. 您从事教育工作的年限：

A. 5 年以下

B. 5～10 年

C. 11～20 年

D. 20 年以上

二、对《义务教育质量评价指南》及校本评价策略的认知

4. 您对《义务教育质量评价指南》及其在本校实施情况的了解程度如何？

A. 非常了解，并积极参与实施

B. 比较了解，有一定实践

C. 有所耳闻，但了解不深

D. 完全不了解

5. 您是否参加过关于《义务教育质量评价指南》及校本评价策略的培训？

A. 是，多次参加

B. 是，参加过一次

C. 否，但希望参加

D. 否，认为不需要

三、参与评价的情况

6. 您在学校教育质量评价中的参与度如何？

A. 积极参与，担任重要角色

B. 参与部分工作，但影响不大

C. 很少参与，主要依赖管理层

D. 完全没有参与

7.您认为当前学校在教育质量评价中最需要改进的地方是什么？（可多选）

    A.评价方法的科学性和多样性

    B.评价结果的及时反馈和应用

    C.评价过程的透明度和公正性

    D.教师评价能力的提升

    E.校本评价策略的有效实施

    F.其他（请说明）_____

四、教学资源与评价工具

8.您在教学过程中使用教育技术（如多媒体教学、在线学习平台等）的频率如何？

    A.经常使用，效果显著

    B.偶尔使用，有一定帮助

    C.很少使用，主要依赖传统方式

    D.几乎没有使用

9.您在评价学生时，是否拥有足够的评价工具和资源（包括校本评价工具）？

    A.是，非常充足

    B.基本满足需求

    C.有所欠缺，影响评价效果

    D.严重不足，急需补充

五、学生综合素质评价

10.您在学生综合素质评价（包括品德发展、学业发展、身心发展、艺术素养、社会实践等）中的实践情况如何？

    A.全面实施，注重学生全面发展

B. 部分实施，仍需加强某些方面

C. 很少实施，主要关注学业成绩

D. 几乎没有实施

11. 您认为在学生综合素质评价中面临的主要挑战是什么？（可多选）

A. 评价标准不明确，难以操作

B. 学生个体差异大，评价难度大

C. 缺乏有效的评价工具和资源

D. 评价结果与教师绩效考核挂钩，导致评价失真

E. 校本评价策略与实际操作脱节

F. 其他（请说明）_____

六、家长参与与反馈

12. 家长在您所任教班级的教育质量评价中的参与度如何？

A. 高度参与，形成良好家校合作

B. 较为积极，但参与度有限

C. 参与较少，主要依赖教师评价

D. 几乎没有参与

13. 您认为家长参与教育质量评价对提升教育教学质量的作用如何？

A. 非常重要，能显著提高教学质量

B. 有一定作用，但需加强引导

C. 作用有限，主要依赖教师专业判断

D. 几乎没有作用

七、专业发展与支持

14. 学校为您提供的专业发展和评价能力提升的支持（包括校本培训）如何？

A. 非常充分，满足个人发展需求

B. 基本满足，但仍需加强

C. 有所欠缺，影响个人成长

D. 几乎没有提供支持

15. 您希望学校在哪些方面为您提供更多的支持？（可多选）

A. 定期的培训和学习机会（含校本培训）

B. 参与评价体系的改进工作

C. 设立奖励机制激励创新评价方法

D. 提供个性化的职业发展规划

E. 提供更多校本评价资源和工具

F. 其他（请说明）＿＿＿＿＿＿＿＿＿＿＿＿＿＿

八、评价结果的运用

16. 您如何运用评价结果来改进自己的教学工作？

A. 系统分析，针对性改进

B. 有所参考，但改进不明显

C. 很少关注，主要依赖个人经验

D. 几乎没有运用

17. 您认为评价结果反馈机制是否健全？

A. 非常健全，反馈及时有效

B. 较为健全，但反馈周期较长

C. 不够健全，反馈不及时或不准确

D. 几乎没有反馈机制

九、学生自评与互评

18. 您在评价学生时，是否鼓励学生进行自评和互评？

A. 是，经常鼓励并实践

B. 偶尔鼓励，实践不多

C. 很少鼓励，主要依赖教师评价

D. 几乎没有鼓励学生自评和互评

19. 您认为学生自评和互评在综合素质评价中的作用如何？

A. 非常重要，能增强学生自我认知

B. 有一定作用，但需加强指导

C. 作用有限，主要依赖教师评价

D. 几乎没有作用

十、其他建议

20. 您对当前义务教育学校教育质量评价工作及校本评价策略还有哪些建议或意见？

感谢您的认真作答！您的反馈将对我们优化教育质量评价体系、促进学生全面发展提供重要参考。

附录六 学生问卷调查

亲爱的同学：

你好！为了更好地了解你在学校的学习生活状况，以及探索如何更有效地通过综合素质评价促进你的全面发展，我们特此开展此次问卷调查。你的宝贵意见将直接帮助我们完善学校的评价体系，使你的学习旅程更加丰富多彩且充满意义。本问卷共包含 15 个问题，所有信息均匿名收集，仅用于教育研究，请根据实际情况真诚作答。

一、基本信息

1. 你目前所在的年级是？

A. 小学低年级（1～3年级）

B. 小学高年级（4～6年级）

C. 初中阶段

2. 在下列各项中，你认为自己表现最出色的领域有哪些？（可多选）

A. 品德修养

B. 学术成绩

C. 身心健康

D. 艺术与审美

E. 社会实践与创新能力

F. 其他，请具体说明：_____

二、对评价体系的认知

3. 你对学校现行的学生评价方式了解程度如何？

A. 非常了解，明确知道评价标准和流程

B. 较为了解，但细节不够清晰

C. 了解不多，只知道大概框架

D. 完全不了解

4. 你认为学校的评价方式是否体现了公平性和公正性？

A. 极其公平、公正

B. 较为公平、公正

C. 略显不公

D. 完全不公

三、参与评价的经历

5. 在评价过程中，你的参与度如何？

A. 经常参与，有充分的发言权

B. 偶尔参与，能提出意见

C. 很少参与，主要倾听老师评价

D. 从未参与过

6. 你希望学校能在评价中增加哪些方面的考量？（可多选）

A. 创新思维与实践能力

B. 团队协作与领导力

C. 社会责任感与公民意识

D. 身心健康与自我管理

E. 其他，请具体说明：_____

四、教学资源与评价工具的使用

7. 在学习过程中，你利用教育技术（如多媒体教学、在线学习平台等）的频率如何？

A. 经常使用，对我的学习有很大帮助

B. 偶尔使用，有一定辅助作用

C. 很少使用，主要依赖传统课堂教学

D. 几乎未使用过

8. 你认为学校现有的评价工具和资源是否足以准确评估你的学习情况？

A. 完全足够，评价准确全面

B. 基本满足需求，但仍有提升空间

C. 有所不足，影响评价的准确性

D. 严重不足，急需改进和补充

五、综合素质评价的体验

9. 学校在评价你的全面发展（包括品德、学业、身心、艺术、社会实践等方面）时，你认为其重视程度如何？

A. 高度重视，评价全面细致

B. 较为重视，但仍需完善

C. 偏重学业，其他方面关注不够

D. 几乎不关注全面发展

10. 在综合素质评价中，你遇到的主要挑战是什么？（可多选）

A. 评价标准模糊，缺乏明确指导

B. 担心在某些领域表现不佳影响评价

C. 缺少展示个人特长的平台

D. 评价结果与自我预期有出入

E. 其他，请具体说明：_____

六、家长的参与与反馈

11. 你的家长在学校对你的评价过程中的参与度如何？

A. 经常参与，与学校有良好沟通

B. 偶尔参与，能提出建设性意见

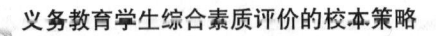

C. 很少参与，主要依赖学校评价

D. 几乎未参与过

12. 你认为家长的参与对你的学习评价有帮助吗？

A. 非常有帮助，能得到更多鼓励和支持

B. 有一定帮助，但效果有限

C. 几乎没有帮助，主要靠自己努力

D. 不确定是否有帮助

七、学生自评与互评的实践

13. 学校是否鼓励你进行自我评价和同伴互评？

A. 是，经常鼓励并付诸实践

B. 偶尔鼓励，实践机会不多

C. 很少鼓励，主要依赖教师评价

D. 几乎不鼓励

14. 你认为自我评价和同伴互评在评价体系中的作用如何？

A. 非常重要，有助于自我认识和成长

B. 有一定作用，但需要加强指导和培训

C. 作用有限，主要还是依赖教师评价

D. 几乎没有作用

八、开放建议

15. 对于学校当前的教育质量评价工作，你有哪些具体的建议或改进意见？

感谢你的耐心作答！你的每一条反馈都是对我们工作的宝贵支持，将直接助力我们优化教育评价体系，促进你的全面发展。

附录七 家长问卷调查

尊敬的家长：

您好！为了更好地理解义务教育学校在教育质量评价上的实践情况，以及家长对此的真实感受与期望，我们精心设计了这份问卷调查。您的宝贵意见将对我们完善教育质量评价体系、推动孩子全面发展起到至关重要的作用。本问卷共包含18个问题，所有信息均以匿名形式收集，仅用于教育研究，请您根据实际情况真诚作答。

一、基本信息

1. 您的孩子目前就读的年级是：

A. 小学低年级（1~3年级）

B. 小学高年级（4~6年级）

C. 初中阶段

2. 您对孩子所在学校的整体满意度如何？

A. 非常满意

B. 比较满意

C. 一般

D. 不太满意

E. 非常不满意

二、教学设施与网络环境

3. 您认为学校的硬件设施（如教学楼、实验室、图书馆、体育设施等）是否满足孩子的学习需求？

A. 完全满足

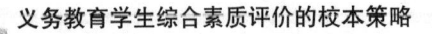

B. 基本满足

C. 略有不足

D. 严重不足

4. 您对孩子所在学校的网络环境（包括网络速度、信息化教学设备的使用、网络安全等）满意吗？

A. 非常满意

B. 比较满意

C. 一般

D. 不太满意

E. 非常不满意

三、评价认知与家长参与

5. 您对《义务教育质量评价指南》的了解程度如何？

A. 非常了解

B. 略有了解

C. 听说过，但不了解具体内容

D. 完全不了解

6. 您是否愿意参与学校对孩子的教育质量评价？

A. 是，非常愿意

B. 可以参与，但时间有限

C. 不太愿意，更倾向于依赖学校评价

D. 完全不愿意

7. 您认为学校在教育质量评价中最需要改进的地方是什么？（可多选）

A. 评价方法应更加科学、多样

B. 减少对单一考试成绩的依赖

C. 更加注重孩子的全面发展

D. 评价结果应及时反馈给家长

E. 评价过程应更加透明、公正

F. 其他（请具体说明）＿＿＿＿＿＿＿＿＿＿＿＿＿＿＿

四、教育技术与资源利用

8. 您了解孩子在学校使用教育技术（如多媒体教学、在线学习平台等）的情况吗？

　　A. 非常了解，孩子经常使用

　　B. 有所了解，孩子偶尔使用

　　C. 不太了解，孩子很少提及

　　D. 完全不了解

9. 您认为学校在利用外部教育资源（如网络课程、专家讲座等）方面做得如何？

　　A. 很好，资源丰富多样

　　B. 一般，偶尔有利用

　　C. 较差，主要依赖校内资源

　　D. 不太清楚

五、家校合作与社会支持

10. 您在学校教育质量评价中的参与度如何？

　　A. 高度参与，与学校紧密合作

　　B. 较为积极，但参与度有限

　　C. 参与较少，主要依赖学校评价

　　D. 几乎没有参与

11. 您认为社会对学校教育的支持力度如何？

　　A. 非常支持，有多方面合作

　　B. 较为支持，但合作不多

　　C. 支持较少，主要依赖政府

D. 不太清楚

六、评价结果的反馈与应用

12.您是否了解学校如何运用教育质量评价结果来改进教育教学工作？

A. 非常了解，学校有明确的反馈机制

B. 有所了解，但反馈不够及时

C. 不太了解，很少收到反馈

D. 完全不了解

13.您对评价结果反馈机制的满意度如何？

A. 非常满意，反馈及时有效

B. 比较满意，但反馈周期较长

C. 不太满意，反馈不及时或不准确

D. 非常不满意，几乎没有反馈

七、学生综合素质评价

14.您对孩子所在学校在学生综合素质评价（包括品德、学业、身心、艺术、社会实践等）方面的实施情况满意吗？

A. 非常满意，全面关注孩子发展

B. 比较满意，但仍需完善

C. 一般，主要关注学业成绩

D. 不太满意，缺乏综合评价

E. 非常不满意，几乎没有实施

15.您认为当前学生综合素质评价中存在的主要问题是什么？（可多选）

A. 评价标准不明确

B. 评价过程不透明

C. 过分依赖教师评价

D. 评价结果应用不足

E. 其他（请具体说明）_____

八、教师评价与专业发展

16. 您对教师参与学校教育质量评价工作的看法如何？

A. 非常积极，有助于提升教学质量

B. 比较积极，但参与度需提高

C. 一般，影响不大

D. 不太积极，缺乏有效参与

E. 完全不了解

17. 您认为学校在支持教师专业发展和评价能力提升方面做得如何？

A. 很好，提供多样培训机会

B. 一般，有基本支持

C. 较差，缺乏有效支持

D. 不太清楚

九、开放建议

18. 您对当前义务教育学校教育质量评价工作还有哪些建议或意见？

感谢您的耐心作答！您的每一条反馈都是对我们工作的宝贵支持，将直接帮助我们优化教育评价体系，促进孩子的全面发展。

后　记

时间太瘦，指缝太宽……自课题申请立项以来，已悄然度过了三载春秋。回首这段充满挑战与探索的研究历程，心中满是感慨与感激。立项之初，正值新冠疫情肆虐之际，研究工作被迫局限于理论层面的艰难跋涉。尽管我已拥有二十余载小学教育的实践经验，但在面对学生综合素质评价这一复杂而深刻的课题时，仍感迷茫与困惑。

幸运的是，在这条充满未知的研究道路上，得到了诸多专家学者的指导与支持。广东第二师范学院科研处毕振力教授以深厚的学术造诣和敏锐的洞察力，为本书提供了宝贵的理论支撑和方法指导。他的悉心点拨与深入浅出的阐释，使我对学生综合素质评价的内涵与实践路径有了更为清晰、深刻的认识。

在实践调研和案例收集过程中，得到了众多校长和教育同仁的鼎力相助。广东第二师范学院番禺附属小学苏干佳校长、东莞市常平中学初中部古松校长、揭阳市榕城区榕东中学曾希展校长、揭阳市榕城区莲花学校李绪明校长，以及东莞市东城第五小学朱志文副主任等教育者，不仅慷慨分享了宝贵的《学生综合素质评价手册》和评价实施方案，还为本书提供了便捷的调查研究条件。同时，近百位广东省小学、初中骨干校长积极参与问卷和访谈，为课题研究和本书的编撰奠定了坚实的实践基础。

在本书的编撰过程中，得到了广东省中小学名校长工作室主持人郝洁

后　记

校长、戴彦勋校长，以及多位不愿具名的初中名校长和华南师范大学教授的宝贵指导。他们以严谨的学术态度和丰富的实践经验，对本书的修订与完善提出了诸多中肯而富有建设性的意见，使本书内容更加严谨、充实，逻辑更加清晰、连贯。在此，谨向所有关心、支持课题研究与本书编撰的教育同仁，致以最诚挚的谢意！

然而，由于我个人视野的局限、学力不逮以及方法技术的欠缺，书中难免存在疏漏与不足之处。我诚挚地恳请各位专家和广大读者不吝赐教，提出宝贵的批评与指正。我坚信，在众多同仁的持续支持与帮助下，我将不断深化研究、完善提升，为推动学生综合素质评价的理论研究与实践探索贡献出更加丰硕的成果。

愿此书成为引玉之砖，激发更多教育者对学生综合素质评价领域的关注与思考，共同推动我国教育事业的蓬勃发展。